活页式·校企合作·高职汽车专业群规划教材

二手车鉴定评估与交易

主　编　刘　宁　孙　丽
副主编　唐　毅　崔永庆　曹海琳
参　编　高连江　杨大伟　薛洪领　曹晨晨
　　　　胡开放

山东大学出版社
SHANDONG UNIVERSITY PRESS
·济南·

图书在版编目(CIP)数据

二手车鉴定评估与交易 / 刘宁，孙丽主编. ——济南 ：山东大学出版社，2022.1

活页式·校企合作·高职汽车专业群规划教材

ISBN 978-7-5607-7280-6

Ⅰ. ①二… Ⅱ. ①刘… ②孙… Ⅲ. ①汽车－鉴定－高等职业教育－教材②汽车－价格评估－高等职业教育－教材③汽车－商品交易－高等职业教育－教材 Ⅳ. ①U472.9 ②F766

中国版本图书馆 CIP 数据核字(2021)第 264119 号

策划编辑　刘　彤
责任编辑　刘　彤
文案编辑　孟希亚
封面设计　牛　钧

出版发行　山东大学出版社
社　　址　山东省济南市山大南路 20 号
邮政编码　250100
发行热线　(0531)88363008
经　　销　新华书店
印　　刷　济南乾丰印刷有限公司
规　　格　787 毫米×1092 毫米　1/16
　　　　　16.25 印张　384 千字
版　　次　2022 年 1 月第 1 版
印　　次　2022 年 1 月第 1 次印刷
定　　价　59.00 元

《活页式·校企合作·高职汽车专业群规划教材》
丛书编委会

总 序

《国家职业教育改革实施方案》指出，要深化“三教”改革，建设一批校企“双元”合作开发的国家规划教材，倡导使用新型活页式、工作手册式教材并配套开发信息化资源。同时，要求专业教材随信息技术发展和产业升级情况及时动态更新。为落实《国家职业教育改革实施方案》，推进国家教学标准落地实施，提升职业教育质量，提高人才培养的针对性，教育部出台了《关于职业院校专业人才培养方案制订与实施工作的指导意见》（教职成〔2019〕13 号）和《职业院校教材管理办法》（教材〔2019〕3 号），对教材和资源建设提出了具体要求。为全面落实国家和教育部有关文件精神，山东省交通运输职业教育专业指导委员会牵头组织编写了本套教材。教材的编写秉承以下原则。

突出“课程思政”和文化育人。本套教材编写强调强化“课程思政”，实现思想政治教育与汽车相关专业岗位技术技能培养的有机统一。结合汽车行业和企业的典型文化案例，强化学生职业素养养成和专业技术积累，将专业精神、职业精神和工匠精神融入人才培养全过程。

突出类型特色，服务“三教”改革。强化产教融合、校企合作的全流程设计，融入新技术、新设备、新工艺、新规范以及产业发展的新趋势，使学生适应行业技术变革的最新发展。课程、教材教学一体化设计，有利于建设符合项目式、模块化教学需要的教学创新团队，普及项目教学、案例教学、情景教学、模块化教学等教学方式，广泛运用启发式、探究式、讨论式、参与式等教学方法，推动课堂教学革命。

突出山东特色，对接“双高”水准。山东省交通运输专指委联合行业、企业、学校和山东大学出版社，聘请省内外专家指导，围绕汽车技术服务专业集群，适应全面推进“双高计划”、现代学徒制改革试点和 1＋X 证书制度试点的工作需要，开展职业教育教材体系和资源建设，力求建设反映“三教”改革新形态、突出山东特色、对接“双高”水准、对标国内一流的教材和教学资源。当前，职业教育战线正在全面落实习近平总书记关于职业教育的重要指示批示和全国教育大会精神。山东省正在进行部省共建“国家职业教育创新发展高地”，实现一年成“式”、两年成“是”、三年成“事”总目标，打造新时代中国特色职业教育的“山东样板”。出版本套教材，也是抛砖引玉，以便更好地服务“高地建设”，祝愿山东汽车职业教育发展越来越好。

山东省交通运输职业教育专业建设指导委员会

2021 年 7 月

前　言

本书是根据《国家职业教育改革实施方案》《关于职业院校专业人才培养方案制订与实施工作的指导意见》《关于推动现代职业教育高质量发展的意见》等文件精神编写的。

“二手车鉴定评估与交易”是培养二手车相关岗位工作人员技术技能的一门必修课，是汽车检测与维修技术相关专业课程体系的重要组成部分，是培养二手车技术人才必不可少的重要课程。通过对本课程的学习，可以使学生了解二手车鉴定评估方法，掌握二手车交易知识，培养学生分析、解决问题的综合能力和良好的职业素养。

为了适应新的职业院校教育模式的要求，使学生能够系统地学习二手车鉴定评估与交易的知识与技能，我们组织了长期从事该领域教学工作的校企专家团队，突出类型特征，由学校与企业合作编写了本教材。本教材在内容上要求“精炼、先进”，“与实际工作紧密结合”，在形式上要求充分体现“做中学，学中做”的职业教育理念。教材编写注重书以载道、立德树人、需求导向，重构教学内容体系，制定完善的教学解决方案，体现活页式和项目化新形态教材要求。

为了更好地满足广大职业院校的学生对二手车鉴定评估与交易知识学习的需要，本书编者结合近几年的行业发展变化和多年教学改革实践经验，对教材体例和内容编排进行了全新的设计，“以学生为中心”设计学习任务和学习内容，淘汰或弱化了行业内相对落后的知识和技能，对部分常规教学内容进行了修改和更新，在内容上总结提炼了更多的工作实战经验，使教材结构紧凑顺畅，内容由浅入深，更符合实际工作中的定位要求和学生的学习认知规律。教材形式新颖，将教材和学材相统一，采用活页装订，结合教材内容，以二维码的形式配套嵌入数字教学资源，读者可通过手机等移动终端扫码学习，满足了信息化教学的需要。为了让读者能够及时检视自己的学习效果，巩固对所学知识的理解和掌握，拓展学习视野，在不同任务的不同阶段设计了适当形式的评价反馈和拓展知识。

在本书的编写过程中，编者始终贯彻“以来源于企业的典型工作任务为载体，采用项目教学的方式组织内容”的思路。通过若干个任务，分别介绍了二手车鉴定、评估、收购、整备、拍卖、置换、销售、过户等内容。每个任务均按学生的认知习惯设计学习流程，并突出强调技术和操作要点。教材内容非常具有针对性和实用性，内容叙述准确、通俗易懂和简明扼要，突出对解决实际岗位技术问题关键能力的培养，有利于教师的教和学生的学。本书建议采用“教、学、做一体化”的教学模式，加大实操训练占比。

本书由刘宁、孙丽任主编，崔永庆、唐毅、曹海琳、杨大伟、曹晨晨、薛洪领、胡开放等参与了本书的编写工作。全书由刘宁、崔永庆统稿并审稿，唐毅完成教学视频的录制和剪辑。在本书编写过程中，院校、企业通力合作，为本书编写工作的完成提供了有力保障。本书编写过程中，除了所列参考文献外，还参考了国内外相关网站的文章和资源，在此对相关企业和作者表示衷心的感谢！

由于编者水平有限，书中难免存在疏漏和错误，希望广大读者予以批评指正。

编　者

2021年12月

目　录

绪 论

随着中国汽车工业的持续高速发展和人民生活水平的逐年提高，我国已成为世界汽车生产和消费大国。2021 年全年，我国汽车产销分别完成 2608.2 万辆和 2627.5 万辆，汽车产销总量已连续 13 年稳居全球第一。数据显示，截至 2021 年年底，中国机动车保有量达 3.95 亿辆，其中汽车保有量达 3.02 亿辆，全国有 79 个城市的汽车保有量超过 100 万辆。

随着中国汽车市场的不断发展，汽车保有量持续增加，消费者换车的需求彰显，许多车辆进入了换购高峰。提高二手车交易量对于拉动新车销售，推动中国汽车市场向前稳定发展有着重要作用。中国二手车市场有着巨大的市场潜力，未来二手车交易量与新车销量的差距将进一步缩小，二手车市场规模将不断扩大，二手车市场将迎来广阔的发展前景。

一、二手车

（一）二手车

2005 年 10 月 1 日，由商务部、公安部、工商总局、税务总局联合发布的《二手车流通管理办法》正式实施。《二手车流通管理办法》中给出了二手车的定义：所谓“二手车”，是指从办理完注册登记手续到达到国家强制报废标准之前进行交易并转移所有权的汽车（包括三轮汽车、低速载货车，即原农用运输车）、挂车和摩托车。

（二）汽车的损耗和汽车技术状况的变化

1.汽车的有形损耗

汽车的有形损耗是指汽车在存放和使用过程中，由于物理和化学原因而导致车辆实体发生的价值损耗，即因自然力的作用而发生的损耗。

汽车的有形损耗会造成汽车的使用性能变差，价值降低，在一定程度上可使汽车完全丧失使用价值；在经济性上，会导致汽车使用成本不断上升，经济效率逐步下降。在有形损耗严重时，若不采取措施及时维修，会引起车辆故障甚至行车事故，从而造成经济损失，甚至危及驾驶安全。

2.汽车的无形损耗

汽车的无形损耗是指由于科技发展和进步、市场供需变化、国家政策调整等因素，从而导致车辆的损耗与贬值。

3.汽车技术状况的变化

汽车技术状况的变化可用汽车的工作能力或运用性能来评价，包括动力性、使用经济性、使用方便性、行驶安全性、使用可靠性等。

通常，随着车辆行驶里程的增加和使用时间的延长，车辆性能将逐渐变差，如动力性下降，经济性降低，行驶安全性和使用可靠性变差，直至达到使用极限。这不仅取决于车辆的设计水平、制造和装配工艺，还受到车辆使用方式、运行条件、保养和维修质量等因素的影响。

（三）汽车的使用寿命

汽车的使用寿命是指汽车从投入使用开始，到报废整个过程的时间。

导致汽车报废的原因，主要是由于自然磨损、疲劳、老化、锈蚀等而导致汽车不能正常工作，或因技术进步造成在用车辆的性能落后、排放超标，而加速车辆的淘汰、报废。此外，还有因维修和保养成本较高等原因，造成车辆经济性降低而被淘汰和报废。

汽车的使用寿命一般可以分为自然使用寿命、技术使用寿命、经济使用寿命和合理使用寿命。进行二手车评估时，要正确理解汽车使用寿命的概念，结合当地实际，准确判断车辆使用寿命，合理估算车辆成新率，准确评估车辆价格。

（四）汽车的贬值和保值率

1.汽车贬值

汽车贬值包括因车辆的有形损耗引起的车辆实体性贬值，因科技发展造成的车辆功能性贬值，因经济环境变化造成的车辆经济性贬值等。

2.汽车的保值率

保值率是指某个品牌的车型在使用一段时期后，将其售出的交易价格与新车指导价格的比值。保值率通常受车龄、车色、里程、车况、品牌知名度、市场占有率、保养费用、季节、区域以及市场环境等诸多因素影响，是衡量车辆价值衰减快慢的重要指标。

二、二手车行业及发展

（一）国内二手车行业及发展

近年来，我国二手车市场规模不断扩大，二手车市场拥有了广阔的发展前景和市场潜力。据中国汽车流通协会统计，2020 年全国二手车市场累计交易量达 1434.14 万辆，交易金额 8888.37 亿元；2021 年全年，国内二手车交易总量达到 1758.51 万辆，同比增长 22.62%，交易金额为 11316.92 亿元，同比增长 27.32%。2014～2021 年中国二手车交易量如图 0-1 所示。

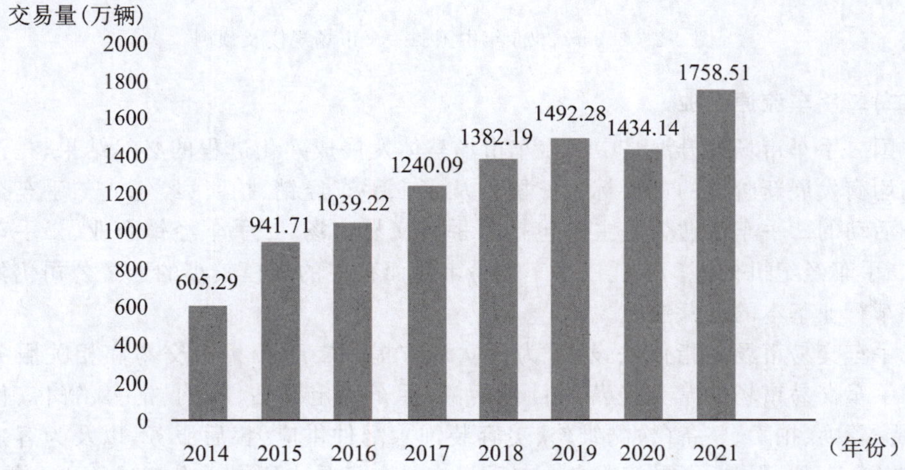

图 0-1 2014～2021 年中国二手车交易量

目前，中国二手车的年销量约为新车年销量的 1/2，根据发达国家的汽车市场上二手车与新车销量比例来看，中国二手车市场还有很大的发展空间；同时，随着经济的发展及汽车技术的不断进步，换车频率将会增大，经济越发达地区，二手车交易量越大，这给中国二手车市场带来了发展机遇。

2020 年 3 月 31 日召开的国务院常务会议确定，对二手车经销企业销售旧车减按销售额的 0.5%征收增值税。2020 年 4 月 29 日，发改委等十一部门公布了《关于稳定和扩大汽车消费若干措施的通知》，明确提出落实全面取消二手车限迁政策，扩大二手车出口业务。2020 年 7 月 21 日，国务院办公厅发布《关于进一步优化营商环境，更好服务市场主体的实施意见》，提出应简化二手车经销企业手续流程等。2021 年 5 月 10 日，公安部举行发布会，发布深化公安交管“放管服”改革“我为群众办实事”12 项便利措施，公安部将会同商务部、税务总局，推行小型非营运客车二手车交易登记“跨省通办”。

国内二手车流通体制越来越健全，构建出稳定健康的二手车交易市场环境。二手车需求市场越来越庞大，二手车交易逐步形成规模。二手车交易渠道丰富，价格多元化，满足了不同层次的消费需求。随着国内二手车限迁政策逐步全面取消，也对二手车市场的发展非常有利，未来我国二手车市场规模将逐渐扩大，预计到 2025 年，我国二手车市场规模将超过 2.87 万亿元，如图 0-2 所示。

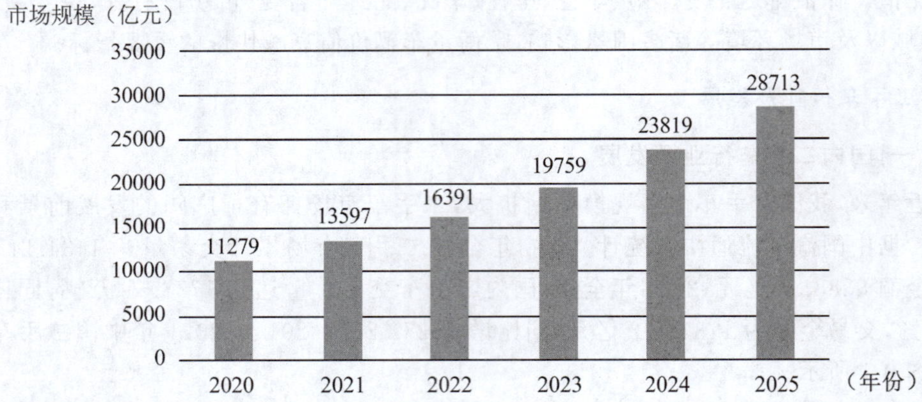

图 0-2　2020～2025 年中国二手车市场规模及预测

(二)二手车流通企业

中国二手车市场的升温是中国汽车市场整体发展成熟化进程的必然结果，是汽车消费市场均衡发展新阶段的重要标志。国内从事二手车经销、拍卖、经纪或二手车交易相关服务活动的二手车流通企业主要包括二手车交易市场、二手车经销企业、二手车拍卖企业、二手车经纪机构等。依托二手车交易市场而存在的规模较小的经纪公司仍然是目前二手车行业基本的经营主体。

二手车交易市场是指依法设立，为买卖双方提供二手车集中交易和相关服务的场所。二手车交易市场的常见经营项目包括：二手车鉴定评估、收购、销售、寄售、代购代销、租赁、置换、拍卖、整备(检测维修、美容装饰)、配件供应、售后服务，以及为客户提供过户、转籍、上牌、保险、金融等服务。二手车交易市场是中国二手车流通的主要渠道，经过多年的培育和发展，已形成一定规模，很多交易市场的运作已比较规范，严格按国家有关法规审查交易车辆的合法性，杜绝盗抢车、走私车、非法拼装车和证照与规费凭证不全的车辆上市交易，对方便交易、降低交易成本及二手车流通的发展起到了推动作用。

当前，中国二手车市场的经营模式出现了一些新的变化，最显著的就是二手车经营主体出现了由单一模式向多元化的转变。在已形成的二手车交易市场、二手车经营公司、二手车品牌经营公司和二手车经纪公司等多元化经营主体的基础上，出现了二手车拍卖、置换、连锁经营等新型营销模式，二手车市场交易模式将呈现多元化发展局面。

随着互联网电商的发展，二手车电商模式也随之发展。在中国二手车电商交易产业链条中，包括车源、二手车交易平台、车商以及买家四部分，其中，二手车交易平台主要包括 B/C2B 竞拍模式、C2C 寄售模式、C2C 虚拟寄售模式、B2C 卖场模式、第三方估值模式、垂直搜索以及交易资讯平台模式。二手车电商企业在竞价拍卖、信息服务、金融保险数据系统等衍生业务方面均发展良好。

三、二手车鉴定评估与交易

(一)二手车鉴定评估

1.二手车鉴定评估的工作目的

在二手车交易过程中,由于信息不对称、不透明,因此普遍存在着买卖双方的不信任。买方对二手车流通企业的不信任主要表现在对车辆来源的合法性、事故情况、使用性能和行驶里程真实性及评估价格的怀疑,导致不熟悉市场行情的消费者对二手车望而却步。因此,二手车鉴定评估的目的主要包括两个方面:一是了解二手车真实的技术状况,发现车辆存在的各类问题和安全隐患;二是了解二手车真实的价值,为二手车交易提供公平的价格尺度。

2.二手车鉴定评估工作的主要内容和工作特点

二手车的鉴定评估工作是由专业的鉴定评估人员,按照特定的经济行为和法定的评估标准及程序,运用科学的方法,对二手车进行手续和证照的检查、技术状况的鉴定以及价值的估算。

二手车技术鉴定工作通过动态和静态检查及使用仪器设备对车辆进行检测,以准确地鉴定汽车当前的技术状况。二手车鉴定评估工作的主要特点是以技术鉴定为基础,以单台车辆为评估对象,同时考虑车辆手续构成的价值。

从事二手车鉴定评估工作需要具备过硬的二手车鉴定评估技能及丰富的市场评估经验,只有这样才能把控车辆收购和交易风险。为做好此项工作,评估人员必须对汽车的结构组成、工作原理及汽车的主要性能有较全面深入的了解。有相关知识和工作经验的积累,才能做好技术鉴定工作。

3.二手车鉴定评估工作的适用范围

鉴定评估的业务类型根据服务对象的不同,分为交易类和咨询服务类,分别涉及车辆交易、车辆置换、车辆拍卖、车辆保险、车辆典当、抵押与担保、企业资产变更、司法鉴定、车辆维修价格评估、法律诉讼咨询服务等各类业务。

二手车鉴定评估是二手车交易买卖双方达成交易意向后自愿选择的项目。若交易双方没有异议,可以不选择此环节。在购买二手车时,对于不具有汽车鉴定评估能力的消费者来说,委托二手车鉴定评估机构对车辆进行鉴定评估是十分必要的;要委托正规的、有资质的第三方评估机构(如二手车鉴定评估中心、资产评估事务所、价格认证中心)进行鉴定评估并签订评估委托书,以便使自己的权益得到保障。消费者得到的鉴定评估结果是二手车鉴定评估报告书,由评估机构签章后生效,作为车辆交易的参考,不具有法律效力。

《二手车流通管理办法》规定:二手车鉴定评估应当本着买卖双方自愿的原则,不得强制进行;属国有资产的二手车应当按国家有关规定进行鉴定评估。二手车鉴定评估机构应当遵循客观、真实、公正和公开原则,依据国家法律法规开展二手车鉴定评估业务,出具车辆鉴定评估报告,并对鉴定评估报告中车辆的技术状况(包括是否属于事故车辆)等评估内容负法律责任。

4.二手车鉴定评估的技术规范

二手车鉴定评估应遵循公平性、独立性、客观性、科学性、专业性、可行性等原则。

《二手车鉴定评估技术规范》于2014年6月1日正式实施,其中规定二手车交易必须指定合法的第三方机构对二手车进行鉴定评估,并将评估内容与结果以量化数据的方式展现,同时确定车辆危险等级,以统一规范的二手车鉴定评估标准和方法,避免鉴定评估随意性大的现象。

5.二手车鉴定评估师

目前,二手车鉴定评估师主要是一种职业称谓,指专业从事二手机动车辆的鉴定与估价工作的专业汽车评估人员。经国务院同意,人社部印发了《关于公布国家职业资格目录的通知》(人社部发〔2017〕68号),向社会公布了国家职业资格目录,二手车鉴定评估师职业资格已经在文件中被取消。取消二手车鉴定评估师等职业资格不是取消对职业岗位的要求标准,政府部门仍在加强职业标准和评价规范的制定。

二手车的价格构成有一定的特殊性,需要科学、合理的鉴定估价标准和方法来客观反映车辆的现时价格。二手车鉴定评估师的主要工作是核实车辆手续是否齐全,对二手车进行技术状况的鉴定和车辆价值的评估。通过二手车鉴定评估,可让消费者了解车辆的技术状况、价格、行驶里程、使用性能、修复经历等信息,从而提高用户对二手车的信任度,也有利于二手车市场的发展。

车辆的价值评估方法要根据评估的目的正确选择。在充分了解汽车市场的有关情况、市场价格的变动、金融信息等后,应仔细选择和确定评估参数,科学地进行评估。此外,还必须掌握有关资产评估的理论,国家相关的政策、法规及各种规定。一位合格的二手车鉴定评估师,只有具备较全面的知识结构、熟练的鉴定技术、丰富的评估经验,才能胜任二手车鉴定评估工作。

(二)二手车交易

二手车交易的常见类型有二手车直接交易(即不通过中介,买卖双方直接交易)、二手车中介经营(包括二手车经纪、二手车拍卖)、二手车销售(二手车流通企业的收购、销售)、二手车置换等。

二手车交易是一种产权交易,是实现二手车所有权从卖方到买方的转移过程。二手车必须完成所有权转移登记(即过户)才算是合法的、完整的交易。二手车交易不像一般商品交易那么简单,我国实行过户制度,交易者需要遵守相关的政策规定,按照一定的交易程序进行,这样才有利于保障买卖双方的利益。所有的车辆交易都必须办理转移登记手续,实现车辆所有权的变更。

项目一

二手车鉴定评估工作准备

做好二手车鉴定评估工作准备是顺利完成二手车交易的前提。本项目通过二手车鉴定评估业务洽谈、制定二手车鉴定评估作业方案、完成车辆识别和手续查验等工作任务流程，介绍了二手车鉴定评估的准备工作。通过任务活动的完成，应掌握二手车鉴定评估业务洽谈的基本内容，能够查验车辆手续，并培养识伪意识和积极沟通、认真负责的工作态度。

【知识架构】

- 二手车鉴定评估工作准备
  - 洽谈二手车鉴定评估业务
    - 一、二手车鉴定评估业务洽谈方式
    - 二、二手车鉴定评估业务洽谈沟通的目的
    - 三、二手车鉴定评估业务洽谈基本流程
    - 四、二手车鉴定评估业务洽谈注意事项
    - 五、二手车鉴定评估委托书
  - 识别车辆和查验手续
    - 一、汽车厂商和汽车品牌
    - 二、汽车型号
    - 三、汽车配置和参数
    - 四、车辆年款
    - 五、车辆的性能指标
    - 六、车辆查验
    - 七、查询车辆历史数据

任务一　洽谈二手车鉴定评估业务

【任务描述】

根据公司工作安排，你作为二手车业务专员，需要接受并完成客户对二手车鉴定评估业务的咨询。请你积极对客户进行邀约，并在计划时间内完成业务洽谈的过程，获取车辆信息。工作结束后，将工作完成情况进行复盘并及时向领导汇报。

【任务目标】

素质目标

1.培养效率意识、安全意识和认真负责的工作态度。

2.培养遵纪守法、求真务实的职业素养。

3.培养积极沟通、换位思考的工作习惯。

知识目标

1.掌握二手车鉴定评估业务洽谈的流程和内容。

2.掌握二手车鉴定评估委托书的填写方法。

能力目标

1.能在面谈或电话沟通中获取车辆有效信息。

2.能以言行得体的服务礼仪与客户进行沟通并做好信息记录。

【知识准备】

一、二手车鉴定评估业务洽谈方式

以汽车4S店或二手车经纪公司为例，对于二手车鉴定评估业务洽谈工作，通常首先以现有渠道搜集信息，然后通过电话沟通，了解客户的情况，并获得客户的评估意向，对可能成交的潜在客户进行邀约，再与客户面对面洽谈。

二手车鉴定评估业务洽谈的主要方式和基本流程为：

(1)网络信息获取和在线方式的沟通。

(2)电话沟通和邀约。

电话沟通和邀约的基本流程如图1-1所示。

图1-1 电话沟通和邀约的基本流程

(3)客户接待和面谈。

客户接待和面谈的基本流程如图1-2所示。

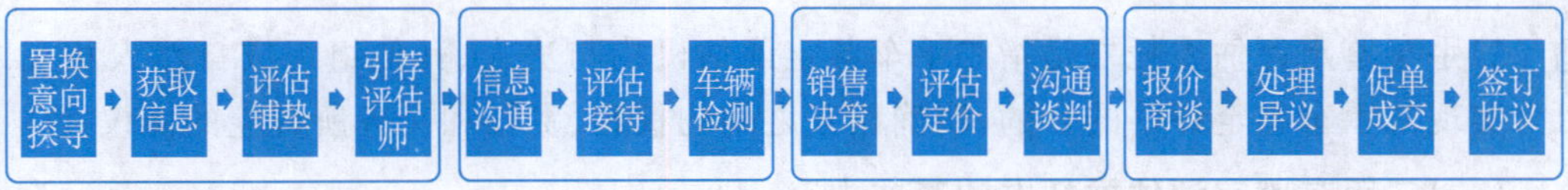

图1-2 客户接待和面谈的基本流程

二、二手车鉴定评估业务洽谈沟通的目的

二手车行业常常存在交易双方信息不对等的问题。交易双方只有通过有效的沟通交流才可以增进了解，提高信任，减少误解，提高交易的成功率和效率。

通过洽谈交流，二手车鉴定评估机构可以了解车主和车辆的第一手资料，获得委托人对车辆信息掌握的程度，确认车辆手续完备情况；通过获得的信息，为进一步的车辆鉴定评估提供参考，在车辆实地进行鉴定评估时逐一验证已获得信息的准确程度，逐步排除车辆的走私、盗抢、抵押、拼装、事故嫌疑，同时在更短的时间内顺利完成鉴定评估工作，提高工作效率。

三、二手车鉴定评估业务洽谈的基本流程

二手车鉴定评估业务洽谈的基本流程如图1-3所示。

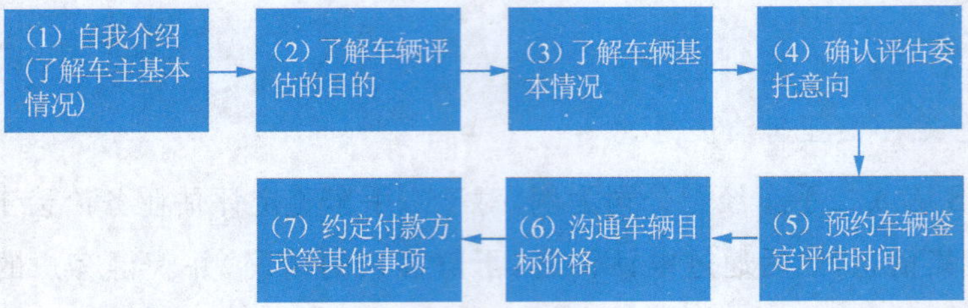

图 1-3　二手车鉴定评估业务洽谈的基本流程

四、二手车鉴定评估业务洽谈注意事项

(1)着装得体,体态端正,手势恰当,妆容自然。

(2)清晰、自然、完整地表达自己的想法、意见和建议。

(3)加强对语速、语态、语调的控制,避免出现音调、音量失控引起歧义。

(4)多使用礼貌用语,保持 1～1.5 m 的社交距离。与人交谈时视线接触对方脸部的时间应占全部谈话时间的 30%～60%。

(5)保持恰当的电话礼仪和微信礼仪。

(6)认真做好交谈记录,筛选重点信息,做好核实(后续验证确认)。

(7)密切关注客户的需求和心理预期,对于客户表达的内容不必全听全信,要通过后期对车辆的实地查验做出独立的判断。

五、二手车鉴定评估委托书

二手车鉴定评估委托书是指二手车鉴定评估机构与法人、其他组织或自然人相互之间为实现二手车鉴定评估的目的,明确相互之间的权利、责任和义务所订立的协议。

(一)二手车鉴定评估委托书的基本内容

1.车辆鉴定评估的目的

通常,对车辆进行鉴定评估的目的主要是交易、置换、抵押、担保、司法裁决等。

2.车辆识别代码

车辆识别代码缩写为 VIN,VIN 是英文 vehicle identification number 的缩写。车辆识别代码由 17 位字符组成,俗称“车架号”。

3.车主/委托人基本信息

在签订鉴定评估委托书时,对于私家车辆要填写车主姓名、身份信息、住址和联系方式;如果是单位车辆,就需要填写单位名称、单位地址、联系人姓名、联系方式等信息。

4.车辆基本信息

车辆基本信息通常包括:车牌号码、车辆品牌型号、车辆识别代码、车辆初次登记日期、发动机排量、车辆行驶里程和已使用年限、车辆使用性质、车身颜色、总质量、座位数、购置日期、原始价格、维修和事故情况等。二手车鉴定评估委托书(示范文本)如图 1-4 所示。

二手车鉴定评估委托书(示范文本)

委托书编号:________

委托方名称(姓名):　　　　　　　　　　法人代码证(身份证)号:

鉴定评估机构名称:　　　　　　　　　　法人代码证:

委托方地址:　　　　　　　　　　　　　鉴定评估机构地址:

联系人:　　　　　　　　　　　　　　　电话:

因 □交易 □典当 □拍卖 □置换 □抵押 □担保 □咨询 □司法裁决需要,委托人与受托人达成委托关系,号牌号码为____________,车辆类型为____________,车架号(VIN 号)为____________________的车辆进行技术状况鉴定并出具评估报告书,_____年_____月_____日前完成。

委托评估车辆基本信息

车辆情况	厂牌型号			使用用途	营运 □ 非营运 □
	总质量/座位/排量			燃料种类	
	初次登记日期	年　月　日		车身颜色	
	已使用年限	年　个月	累计行驶里程(万公里)		
	大修次数	发动机(次)		整车(次)	
	维修情况				
	事故情况				
价值反映	购置日期	年　月　日		原始价格(元)	
备注:					

委托方:(签字、盖章)　　　　　　　　受托方:(签字、盖章)

(二手车鉴定评估机构盖章)

年　月　日　　　　　　　　　　　　　年　月　日

图 1-4　二手车鉴定评估委托书

(二)填写二手车鉴定评估委托书的注意事项

(1)受托方和委托方共同签字确认。

(2)保证填写内容真实。

(3)若评估车辆为单位所有,需加盖委托方单位公章。

(4)委托书注明评估时间。

(5)认真填写二手车鉴定评估委托书中反映双方各自权利、责任、义务以及违约责任的相关内容。

【任务组织】

任务组织的详细安排如表1-1所示。

表1-1　任务组织的详细安排

组织形式	单班授课、分组教学
教学模式	角色扮演
学生分组	4～6组，每组4～6人；建议设组长、发言人、记录员、技术员、信息员等
场地	理实一体化教室，网络环境良好，宽敞、整洁；现场灯光照明良好、通风良好
仪器设备	可联网的笔记本电脑、手机等通信工具
教学资源	教具、车型手册等
教学时间	不少于2学时

【任务实施】

活动　模拟二手车鉴定评估业务洽谈

活动目标

(1)能模拟二手车业务洽谈场景(当面洽谈或电话洽谈)，设计二手车业务洽谈的人物和内容。

(2)能按照搭建的场景设计双方人物特点，在设计的时间内，通过话术展示获得有用的信息(车辆、车主、评估目的、目标价格)。

(3)能在洽谈时保持恰当的礼仪(着装、体态、语气、语态等)。

一、接受任务

根据公司工作安排，你作为二手车经纪公司业务专员，需要利用互联网在二手车车源信息平台上搜索有价值的车源信息，打电话进行咨询并邀约进行车辆鉴定评估，争取以合理的价格进行收购。

二、制定计划

1.分组分工。

请根据工作任务安排，讨论并制定计划，完成小组成员任务分工，找到自己的角色。

□A组　　□B组

□组长　　□发言人　　□记录员　　□信息员　　□其他________

A 组：模拟二手车经纪公司，并根据工作任务，完成小组成员任务分工，做好实施方案和计划。

B 组：根据工作任务情境，模拟客户，从客户的角度出发，就其关心的问题进行交流，并配合 A 组完成工作任务。

2.收集信息。

(1)车辆基本信息：________。

(2)车辆评估经历：________。

(3)客户心理预期：________。

3.计划制定。

作业内容和实施步骤如下：

(1)作业内容：________

________。

(2)实施步骤：________

________。

三、计划实施

1.完成车源信息筛选和分析。

目标车型			
目标价格			
车源信息渠道			
检索结果			
车辆所在地区			
联系方式			

2.设计话术，完成电话邀约，获得车辆部分情况的了解，并获取更多有价值的信息。

序号	计划获取的信息	对应话术设计
1		
2		
3		
4		
5		
6		

3.完成面对面洽谈，了解车辆更多相关情况。

序号	计划达成的目的	对应的解决方案
1		
2		
3		
4		
5		
6		

4.确认车辆鉴定评估意向，签订二手车鉴定评估委托书。

是否确认车辆鉴定评估意向	□是　□否
未达成意向的原因	□价格　□时间　□业务能力　□其他______
约定的鉴定评估时间	
是否接受寄售	□是　□否
是否接受置换	□是　□否
是否签署鉴定评估合同	□是　□否
是否明确鉴定评估目的	□是　□否

四、评价反馈

1.请根据自己在任务活动中的实际表现进行自我反思和自我评价。

自我反思	自我评价	存在的问题和解决方案
是否理解了二手车业务洽谈的主要目的和实施路径	□是　□否	
是否与小组成员积极沟通	□是　□否	
是否与小组成员进行过问题探讨	□是　□否	
是否认真关注了小组其他同学的讨论和发言	□是　□否	
对于任务完成情况，是否还存在问题	□是　□否	
是否通过该学习任务获得了经验	□是　□否	
计划设计和实施是否成功	□是　□否	

2.评价标准。

项目	评分标准	分值	得分
接受任务	明确工作任务，理解任务在企业工作中的重要程度	5	
信息收集	完整准确地收集车源信息	5	
制定计划	设计电话沟通话术和电话沟通方案	10	
	设计面对面洽谈方案和话术	10	
	完善二手车鉴定评估委托书的内容和格式	10	
计划实施	进行车源信息筛选和分析	10	
	顺利进行电话沟通	10	
	顺利进行面对面洽谈	10	
	顺利签订二手车鉴定评估委托书	10	
效果评判	任务完成，模拟演练过程顺利、规范	10	
评价反馈	能对自身表现情况进行客观评价	5	
	能在任务实施过程中发现自身存在的问题	5	
得分(满分100)			

任务二　识别车辆和查验手续

【任务描述】

根据工作安排，你作为二手车业务专员，需要在领导要求的时间内完成对指定车辆的识别和手续查验，积极与客户进行疑点问题沟通并做好记录。工作结束后，将工作完成情况进行复盘并及时向领导汇报。

【任务目标】

素质目标

1.培养识伪意识、效率意识、安全意识和积极沟通的工作意识。

2.培养勤于思考的学习习惯和认真负责的工作态度。

知识目标

1.掌握二手车车辆识别的基本方法。

2.掌握二手车车辆手续查验的流程和方法。

能力目标

1.能识别鉴定车辆的品牌、型号、年款和配置。

2.能完成二手车车辆手续查验。

【知识准备】

一、汽车厂商和汽车品牌

(一)汽车分类(示例)

汽车按发动机类型、排量、驱动方式、车身形式和货厢形式等方面的不同,分为不同类型。常见机动车类型如图 1-5 所示。

图 1-5 常见机动车类型

(二)汽车品牌

1.自主汽车品牌(示例)

部分常见自主汽车品牌如图 1-6 所示。

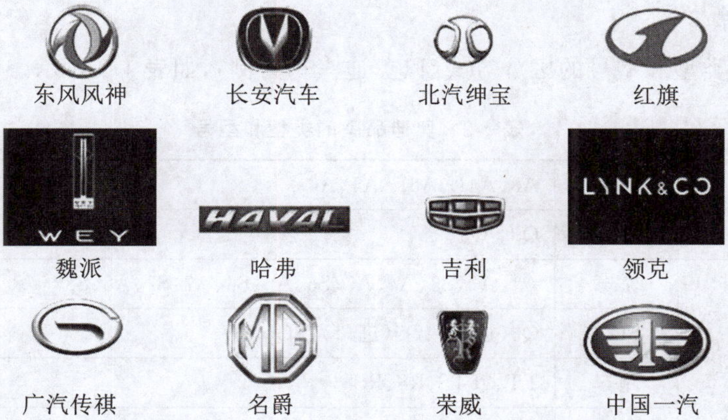

图 1-6　部分常见自主汽车品牌

2.合资汽车品牌(示例)

部分常见合资汽车品牌如图 1-7 所示。

图 1-7　部分常见合资汽车品牌

3.进口汽车品牌(示例)

部分常见进口汽车品牌如图 1-8 所示。

图 1-8　部分常见进口汽车品牌

4.新能源汽车品牌(示例)

部分常见新能源汽车品牌如图 1-9 所示。

图 1-9　部分常见新能源汽车品牌

二、汽车型号

常见车辆类型和型号的区分方式(以奥迪汽车为例),如表 1-2 所示。

表 1-2　奥迪品牌的类型和型号

国产奥迪（一汽-大众）	轿车	A3、A4L、A6L、A4、A6
	SUV	Q3、Q5
进口奥迪	轿车	A1、A3、S3、A4、A5、S5、A6、S6、A7、S7、A8、S8
	SUV	Q3(进口)、Q5(进口)、SQ5、Q7
	跑车	TT、TTS、R8、RS
	旅行车	RS5、RS7

三、汽车配置和参数

汽车常见配置、参数内容(示例),如图 1-10 所示。

车身参数：	车身参数：	发动机：	变速箱：
厂商指导价	车长(mm)	发动机型号	挡位个数
品牌	车宽(mm)	排量(L)	变速箱类型
级别	车高(mm)	排量(mL)	变速箱名称
发动机	轴距(mm)	进气形式	
动力类型	车重(kg)	气缸排列形式	
变速箱	最小离地间隙(mm)	汽缸数	
长×宽×高(mm)	前轮距(mm)	每缸气门数(个)	
车身结构	后轮距(mm)	压缩比	
上市年份	接近角(°)	配气机构	
最高车速(km/h)	离去角(°)	缸径(mm)	
0～100 km/h 加速时间(s)	车身结构	行程(mm)	
工信部油耗(L/100 km)	车门数	缸盖材质	
保修政策	座位数	缸体材料	
	油箱容积(L)	最大马力(Ps)	
	行李厢容积(L)	最大功率(kW/rpm)	
	行李厢最大容积(L)	最大扭矩(Nm/rpm)	
		燃料	
		燃油标号	
		供油方式	
		环保标准	
		发动机自动启/停	

底盘转向：	车轮制动：	安全配置：	操控配置：
驱动方式	前制动器类型	驾驶座安全气囊	ABS 防抱死
四驱形式	后制动器类型	副驾驶安全气囊	制动力分配（EBD/CBC 等）
中央差速器结构	驻车制动类型	前排头部气囊（气帘）	刹车辅助（EBA/BAS/BA 等）
车体结构	前轮胎规格	后排头部气囊（气帘）	牵引力控制（ASR/TCS 等）
助力类型	后轮胎规格	前排侧气囊	车身稳定控制（ESP/DSC 等）
前悬挂类型	备胎	后排侧气囊	上坡辅助
后悬挂类型		膝部气囊	陡坡缓降
前桥限滑差速器/差速锁		安全带气囊	自动驻车
中央差速器锁止功能		行人安全气囊	并线辅助
后桥限滑差速器/差速锁		前排安全气囊关闭装置	车道偏离预警系统
		儿童座椅接口	自动驾驶技术
		胎压监测装置	可变悬挂
		零胎压继续行驶	空气悬挂
		安全带未系提示	电磁感应悬挂
		防盗报警器	可变转向比
		发动机防盗锁止	整体主动转向系统
		车内中控锁	主动刹车/主动安全系统
		遥控钥匙	
		疲劳驾驶提示	
		夜视系统	

外部配置：	内部配置：	座椅配置：	多媒体配置：
电动天窗	皮质方向盘	座椅材质	车载 Wi-Fi
全景天窗	方向盘上下调节	运动风格座椅	GPS 导航系统
运动版包围	方向盘前后调节	座椅高低调节	蓝牙/车载电话
铝合金轮圈	多功能方向盘	驾驶座电动调节	中控台彩色大屏
电动侧滑门	方向盘电动调节	副驾驶座电动调节	中控台彩色大屏尺寸
电动吸合门	方向盘记忆	后排座椅电动调节	中控液晶屏分屏显示
行李架	方向盘加热	副驾驶座椅后排调节	后排液晶屏
主动格栅	换挡拨片	腰部支撑调节	语音控制系统
远程启动发动机	前泊车雷达	肩部支撑调节	定位互动服务
感应后备厢	后泊车雷达	腿部支撑调节	手机互联/映射
电动后备厢	倒车视频影像	驾驶座椅记忆	车载电视
	全景摄像头	副驾驶座椅记忆	主动降噪
	自动泊车入位	后排座椅记忆	音响品牌
	定速巡航	前排座椅加热	外接音源接口（AUX/USB 等）
	自适应巡航	后排座椅加热	CD/DVD 播放器

外部配置：	内部配置：	座椅配置：	多媒体配置：
	无钥匙进入系统	前排座椅通风	扬声器数量
	无钥匙启动系统	后排座椅通风	
	全液晶仪表盘	前排座椅按摩	
	行车电脑显示屏	后排座椅按摩	
	HUD 抬头数字显示	第二排独立座椅	
	220 V/230 V 电源	第二排背部角度调节	
	行车记录仪	第二排座椅移动	
	无线充电	后排座椅放倒方式	
		第三排座椅	
		前座中央扶手	
		后座中央扶手	
		后排杯架	
		加热/制冷杯架	

灯光配置：	玻璃/后视镜：	空调/冰箱：
远光灯	前电动车窗	手动空调
近光灯	后电动车窗	自动空调
前雾灯	车窗防夹手功能	后排独立空调
日间行车灯	防紫外线/隔热玻璃	后排出风口
大灯高度可调	后排隐私玻璃	温度分区控制
自动头灯	电动后视镜	车内空气调节/花粉过滤
弯道辅助照明灯	后视镜加热	车载空气净化器
随动转向大灯	后视镜电动折叠	车载冰箱
远近光感应系统	内后视镜自动防眩目	
智能远光灯	外后视镜自动防眩目	
大灯清洗装置	后视镜记忆	
车内氛围灯	流媒体车内后视镜	
可变色氛围灯	后排侧遮阳帘	
	后风挡遮阳帘	
	遮阳板化妆镜	
	雨量感应雨刷	
	后雨刷	

图 1-10　汽车常见配置、参数内容

四、车辆年款

汽车生产厂家的每一款量产车型都有比较明确的市场定位和目标客户人群，为适应不同消费者的实际需求和扩大市场占有率，厂家通常对大部分车型都有细分的高、中、低配各种款式，这些不同款式的车型在外观、内饰、配置、性能和价格上存在差异。

五、车辆的性能指标

车辆的性能指标主要包括以下六个方面：

(1)经济性。

(2)动力性。

(3)安全性。

(4)操控性。

(5)舒适性。

(6)汽车的其他使用性能和参数。

其中，汽车的其他使用性能和参数主要包括四个方面：

(1)容量。

(2)使用方便性。

(3)通过性、机动性。

(4)车内设施设备的完备性，如防盗系统、车联网系统、人机交互等。

六、车辆查验

(一)车辆查验的内容

查验机动车登记证书、行驶证、有效机动车安全技术检验合格标志、车辆购置税完税证明、车船使用税缴付凭证、车辆保险单等法定证明、凭证是否齐全。

(二)查验方法

(1)查验车辆品牌型号与行驶证是否一致。

(2)查验车辆外观是否改变，车辆颜色是否一致。

(3)查验车牌号码与车辆及登记证是否一致。

(4)查验车辆所有人名称与登记证及有效证件是否一致。

(5)查验品牌型号、使用性质与登记证是否一致。

(6)查验发动机号、车架号与登记证是否一致。

(7)查验注册登记日期(初次上牌日期)。

(8)查验发证日期：一手车与注册日期一致，如有过户或变更需重新申领行驶证。

(三)不可交易车辆的类别

不可交易车辆的类别主要包括以下八种：

(1)已报废或达到国家汽车报废标准的车辆。

(2)在抵押期间或未经海关批准的海关监管车辆。

(3)在人民法院、人民检察院、行政执法等部门依法查封、扣押期间的车辆。

(4)通过盗窃、抢劫、抢夺、诈骗等违法手段获得的车辆。

(5)发动机号码、车辆识别代号与机动车登记证书号码不相符或有涂改现象的车辆。

(6)走私、非法拼装(组装)的车辆。

(7)办理必备证件、税费、保险和无有效机动车检验合格标志的车辆，或手续不齐全的车辆。

(8)国家法律法规禁止经营的车辆。

七、查询车辆历史数据

(一)车辆使用记录查询渠道

车辆使用记录查询可通过各品牌官方的售后服务查询系统、车辆维修保养手册、第三方机构的车辆历史报告查询工具等渠道。

(二)车辆历史数据查询机构

目前,国内能够提供车辆历史信息服务的二手车信息服务平台有很多,如车鉴定、查博士、CADA 柠檬查等。

【任务组织】

任务组织的详细安排如表 1-3 所示。

表 1-3　任务组织的详细安排

组织形式	单班授课、分组教学
教学模式	角色扮演
学生分组	4～6 组,每组 4～6 人;建议设组长、发言人、记录员、信息员等
场地	理实一体化教室,网络环境良好,宽敞、整洁;现场灯光照明良好、通风良好
仪器设备	可联网的笔记本电脑、手机等通信工具
教学资源	教具、车型手册等
教学时间	不少于 2 学时

【任务实施】

活动一　识别车辆

活动目标

(1)能凭借网络资源,通过各种方式查询实训现场所提供车辆的信息。

(2)能结合所查询的信息判断车辆所属品牌和生产地。

(3)能根据现场车辆的配置判断车辆的具体型号和规格。

(4)能根据车辆配置和铭牌信息判断车辆的年款。

(5)能依据获取的信息判断该车辆的性能,并对该车辆的市场价格进行预估。

(6)培养良好的人际交往能力,养成与他人协作和及时获取行业信息的习惯。

(7)培养对不同品牌车型车款的关注和对车辆价格变化的敏感。

一、接受任务

根据公司工作安排，你今天需要完成二手车的评估前检查，对车辆的车型、款式、配置等情况进行鉴别和了解，通过各种查询渠道对相关信息进行收集并做出分析和判断。

二、制定计划

1.分组分工。

请根据工作任务安排，讨论并制定计划，完成小组成员任务分工，找到自己的角色。

□组长　□发言人　□记录员　□信息员　□其他________

2.收集信息。

(1)车辆信息：____。

(2)车辆评估经历：____________________________________。

(3)客户心理预期：____________________________________。

3.计划制定。

作业内容和实施步骤如下：

(1)作业内容：____

____。

(2)实施步骤：____

____。

三、计划实施

1.请说明下列品牌的中文名称。

BENZ	BMW	NISSAN	TOYOTA	FORD
MAZDA	MITSUBISH	HONDA	SUZUKI	KIA
ROVER	BUICK	HYUNDAI	OPEL	CHRYSLER
LEXUS	SAAB	VOLVO	PEUGEOT	AUDI

2.请在下列品牌中选出合资品牌，并列举部分品牌车型和新车价位，完成下表。

□大众　□奥迪　□丰田　□奔驰　□别克　□沃尔沃
□雪佛兰　□福特　□比亚迪　□现代　□长安　□本田
□宝马　□凯迪拉克　□五菱　□雷克萨斯　□哈弗　□吉利
□奇瑞　□日产

品牌						
车型						
价格区间						
车型						
3 年车龄二手车价格						
车型						
5 年车龄二手车价格						

3.请说明下列车型所属汽车制造商和品牌，完成下表。

哈弗H6

轩逸

朗逸

汉兰达

思域

本田CR-V

宏光MINI EV

制造商							
品牌							

4.请从下列品牌中选出国产自主品牌，并列举其车型及新车价位区间，完成下表。

大众	本田	TOYOTA 丰田	奥迪	奔驰	宝马	别克	日产
吉利	长安	福特	现代	雪佛兰	奇瑞	比亚迪	凯迪拉克

品牌							
车型							
价格区间							

5.请对现场提供的实训车辆进行现场查看和信息检索，确定车辆的品牌、型号、年款和基本配置情况，完成下表(图片供参考)。

评估车辆基本信息	品牌		车型	
	年款		出厂日期	
	号牌		车辆识别代码	
	发动机号		首次登记日期	
标准配置				
选装配置				
附加配置				

四、评价反馈

1.请根据自己在任务活动中的实际表现进行自我反思和自我评价。

自我反思	自我评价	存在的问题和解决方案
是否对国内市场的汽车品牌有了较多了解并愿意在小组内表达自己的想法	□是　□否	
是否愿意将自己的理解和建议与小组成员积极沟通和探讨	□是　□否	
小组成员是否都能积极主动地发表自己的意见和建议	□是　□否	
是否认真关注了其他成员的讨论和发言并非常愿意接受其他成员的建议	□是　□否	
是否通过该学习任务获得了经验	□是　□否	
是否可以引导自己所在的小组完成任务	□是　□否	
是否希望能继续和组内成员合作完成其他任务	□是　□否	
是否喜欢小组教学活动	□是　□否	

2.小组评价。

评价项目	评价	存在的问题和解决方案
参与度	☆☆☆☆☆	
完成度	☆☆☆☆☆	
贡献度	☆☆☆☆☆	
发言量	☆☆☆☆☆	
沟通交流	☆☆☆☆☆	
异议处理	☆☆☆☆☆	

3.评价标准。

项目	评分标准	分值	得分
接受任务	明确工作任务，理解任务在企业工作中的重要程度	5	
信息收集	完整准确地收集信息	10	
制定计划	按照工作要求，制定合适的行动计划	10	
	能协同小组人员安排任务分工	5	
	能做好任务实施前的准备	5	
计划实施	规范地进行信息查询	5	
	识别车辆品牌	10	
	识别车辆型号	10	
	识别车辆年款	10	
	识别车辆配置	10	
质量检查	任务完成，操作过程规范、标准	10	
评价反馈	能对自身表现情况进行客观评价	5	
	能在任务实施过程中发现自身存在的问题	5	
得分（满分100）			

活动二　查验车辆

活动目标

（1）能独立完成车辆合法性查验工作。

（2）能查验车辆单证和号牌。

（3）能查找到车辆发动机号和车架号。

（4）能将查找到的信息进行对比分析。

（5）养成与他人协作的习惯，具备良好的人际交往能力。

一、接受任务

根据公司工作安排，你需要对一辆二手车进行手续查验。客户已提供了部分车辆单证，请结合已知的信息进行比对，对现场车辆的手续进行查验，并对疑点进行分析判断。

二、制定计划

1.分组分工。

请根据工作任务安排，讨论并制定计划，完成小组成员任务分工，找到自己的角色。

□组长　□发言人　□记录员　□信息员　□其他________

2.收集信息。

____
____。

3.计划制定。

作业内容和实施步骤如下：

(1)作业内容：____
____。

(2)实施步骤：____
____。

三、计划实施

1.请完成评估车辆基本信息和标准配置。

评估车辆基本信息	品牌		车型	
	年款		出厂日期	
	号牌		车辆识别代码	
	发动机号		首次登记日期	
标准配置				

2.请完成二手车相关单证查验，并记录信息。

序号	查验项目	有/无	真/假	判断依据
1	机动车行驶证	□有　□无	□真　□假	
2	机动车登记证书	□有　□无	□真　□假	
3	车主身份证	□有　□无	□真　□假	
4	机动车号牌	□有　□无	□真　□假	
5	车辆铭牌	□有　□无	□真　□假	

续表

序号	查验项目	有/无	真/假	判断依据
6	机动车来历凭证	□有 □无	□真 □假	
7	交强险保单	□有 □无	□真 □假	
8	商业险保单	□有 □无	□真 □假	
9	机动车来历凭证	□有 □无	□真 □假	
10	车辆一致性证书/进口机动车随车检验单	□有 □无	□真 □假	

3.请检查机动车行驶证关键信息。

序号	查验项目	有/无	判断依据
1		□是 □否	
2		□是 □否	
3		□是 □否	
4		□是 □否	
5		□是 □否	
6		□是 □否	
7		□是 □否	
8		□是 □否	

4.请检查机动车登记证书关键信息。

序号	查验内容	一致性	证伪根据
1		□是 □否	
2		□是 □否	
3		□是 □否	
4		□是 □否	
5		□是 □否	
6		□是 □否	
7		□是 □否	
8		□是 □否	

5.请检查车辆铭牌关键信息。

序号	查验内容	一致性	判断依据
1		□是 □否	
2		□是 □否	
3		□是 □否	
4		□是 □否	
5		□是 □否	
6		□是 □否	
7		□是 □否	
8		□是 □否	

6.请对现场车辆手续检查的疑点进行梳理,做出判断。

序号	查验项目	查验结果	判断依据
1	是否走私车	□是 □否	
2	是否抵押车	□是 □否	
3	是否报废车	□是 □否	
4	是否拼装车	□是 □否	
5	是否盗抢车	□是 □否	
6	是否脱审车	□是 □否	
7	是否扣押车	□是 □否	
8	是否营运车	□是 □否	

四、评价反馈

1.请根据自己在任务活动中的实际表现进行自我反思和自我评价。

自我反思	自我评价	存在的问题和解决方案
是否对车辆手续查验工作有了充分了解	□是 □否	
是否愿意将理解和建议与小组成员积极沟通和探讨	□是 □否	
小组成员是否都能积极主动地发表自己的意见和建议	□是 □否	
是否认真关注了其他成员的讨论和发言并非常愿意接受其他成员的建议	□是 □否	
是否通过该学习任务获得了经验	□是 □否	
是否可以引导自己所在的小组完成任务	□是 □否	

续表

自我反思	自我评价	存在的问题和解决方案
是否希望能继续和组内成员合作完成其他任务	□是 □否	
是否喜欢小组教学活动	□是 □否	

2.小组评价。

评价项目	评价	存在的问题和解决方案
参与度	☆☆☆☆☆	
完成度	☆☆☆☆☆	
贡献度	☆☆☆☆☆	
发言量	☆☆☆☆☆	
沟通交流	☆☆☆☆☆	
异议处理	☆☆☆☆☆	

3.评价标准。

项目	评分标准	分值	得分
接受任务	明确工作任务，理解任务在企业工作中的重要程度	5	
信息收集	完整准确地收集信息	5	
制定计划	按照工作规范及要求，制定合适的行动计划	5	
	能协同小组人员安排任务分工	5	
计划实施	查验机动车行驶证	5	
	查验机动车登记证书	5	
	查验车主身份证	5	
	查验机动车号牌	5	
	查验车辆铭牌	5	
	查验机动车来历凭证	5	
	查验交强险保单	5	
	查验商业险保单	5	
	查验机动车来历凭证	5	
	查验车辆一致性证书/进口机动车随车检验单	5	
	查询车辆历史数据	10	

续表

项目	评分标准	分值	得分
质量检查	任务完成，操作过程规范、标准	10	
评价反馈	能对自身表现情况进行客观评价	5	
	能在任务实施过程中发现自身存在的问题	5	
得分（满分 100）			

项目二

静态鉴定二手车技术状况

静态检查是二手车鉴定评估工作中最重要的环节，需要对车身外观、车辆内部和底盘系统进行全面的检查，并对检查中发现的问题如实记录，对车辆及相关材料拍照，对车辆技术状况进行客观准确的评定。通过任务活动的完成，应掌握二手车静态检查工作的基本内容和工作流程，能参照工作单对车辆静态技术状况进行查验，并能培养独立工作的习惯、积极沟通的意识和细致严谨、认真负责的工作态度。

【知识架构】

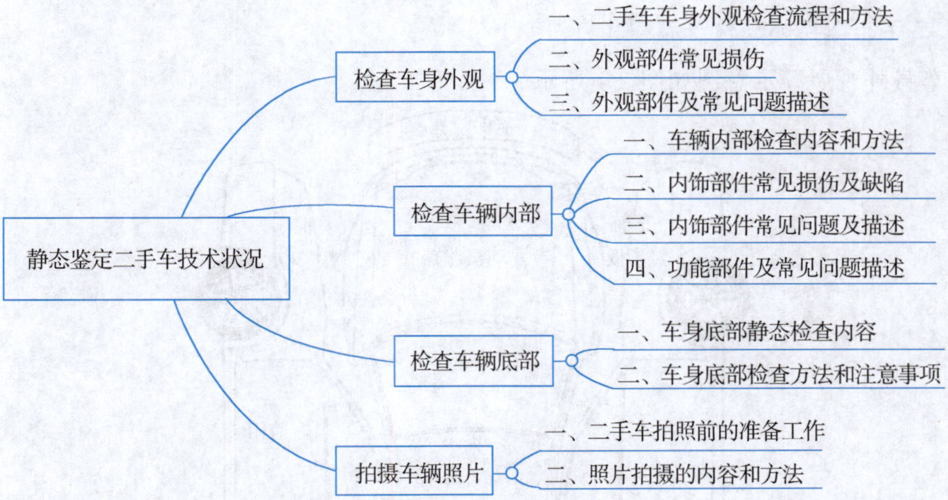

任务一　检查车身外观

【任务描述】

根据工作安排，你作为二手车评估师助理，需要在 30 min 内完成对指定车辆的车身外观检查。请按照规范的流程和方法，对车身外观各部位的技术状况进行检查和鉴定，对检查过程中发现的问题如实记录并形成结论性评价。

【任务目标】

素质目标

1.培养严谨细致、认真负责的工作态度。

2.培养独立思考、深入探究的工作习惯。

3.提高对汽车市场行情和汽车技术发展的职业敏感度。

知识目标

1.掌握对车辆车身外观、内饰和功能部件等检查鉴定的方法。

2.掌握在车辆静止状态下对发动机、底盘和电气等系统的检查方法。

3.掌握对二手车拍照的方法。

能力目标

1.能按照规范的流程对车辆进行全面和细致的静态检查。

2.能对静态检查过程中发现的各类问题进行分析并做出判断，确定其对车辆价值的影响。

【知识准备】

一、二手车车身外观检查流程和方法

车身外观展开示意图如图 2-1 所示。

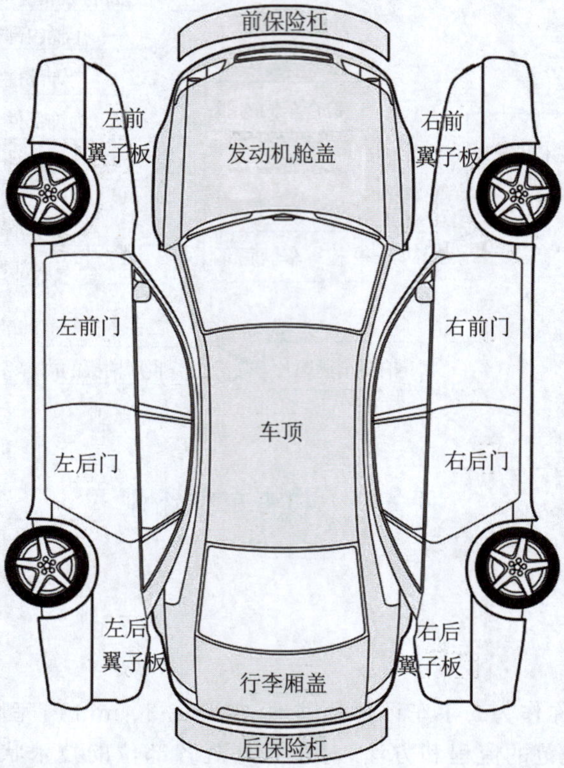

图 2-1　车身外观展开示意图

车身外观检查流程和方法如表 2-1 所示。

表 2-1　车身外观检查流程和方法

检查角度	检查部位	距离和检查方法	动作和观察范围	检查内容
侧前方 45°	目测可见的车身覆盖件及车轮	由远及近，目测观察	半蹲→站立；低位观察：半蹲，视线与车身腰线平视；正常观察；起身站立，正常视角	车身腰线，板件维修痕迹（色差、平整度、缝隙等）和维修质量，车轮（轮毂和轮胎）
车辆前部	车顶、前风窗、前机盖、前照灯、前雾灯、转向灯、中网格栅、保险杠	远距离目测观察，近距离观察，配合触摸	站立→半蹲；由上到下，前前后后，从左到右	机盖、保险杠、大灯、格栅等部件的间隙、维修和更换痕迹；机盖和车顶漆面修补痕迹

续表

检查角度	检查部位	距离和检查方法	动作和观察范围	检查内容
左(右)前翼子板	左(右)前翼子板、左前轮胎、左前车轮	近距离观察，配合触摸	站立→半蹲;由上到下，前前后后,里里外外	翼子板漆面、板面、缝隙(与保险杠、前照灯、机盖、前车门之间);左前车轮
车辆正侧面	目测可见的车身覆盖件及车轮	由远及近，目测观察	半蹲→站立;低位观察:半蹲,视线与车身腰线平视;正常观察:起身站立,正常视角	车身腰线,板件损伤、维修痕迹(色差、平整度、缝隙等)和维修质量,车轮(轮毂和轮胎);轴距
左(右)侧A柱	左(右)侧A柱、左前后视镜、前风窗	近距离观察，配合触摸	站立;由上到下	A柱变形、损伤、维修痕迹;后视镜损伤和维修痕迹;前风窗日期、损伤和更换痕迹
左(右)前(后)门	左(右)前(后)门、车窗	近距离观察，配合触摸	站立→半蹲;由上到下，前前后后	车门、门槛、门框、窗框、饰条等变形和维修痕迹;玻璃日期和更换痕迹;铰链拆装痕迹,封胶、焊点状态
左(右)侧C柱	左(右)侧C柱	近距离观察，配合触摸	站立;由上到下	C柱变形、损伤、维修痕迹
左(右)后侧围板	左(右)后侧围板、左(右)后车轮	近距离观察，配合触摸	站立→半蹲;由上到下，前前后后	板件变形、损伤、切割和钣焊等维修痕迹;漆面损伤和修补痕迹;与后保险杠、后盖、后尾灯的缝隙;车轮轮毂材质和损伤情况,轮胎的状态和日期
车辆后部	后保险杠、后备厢盖、后风窗、后尾灯、后围板	远距离观察	站立→半蹲;由远及近，由上到下,前前后后	车体车身周正程度、左右差异(高度等);相关板件缝隙、色差、平整度等情况;后轮倾角;尾灯
		车近距离观察,配合触摸	站立→半蹲;由上到下，从左到右	车顶、后盖、后杠等车身件变形、损伤和维修情况;玻璃日期和更换痕迹;相关板件的漆面和缝隙等情况

注意事项:(1)逐件检查,避免漏项。(2)触摸车身时佩戴手套。

车身外观检查

二、外观部件常见损伤

外观部件常见损伤如表 2-2 所示。

表 2-2　外观部件常见损伤

常见问题	示例图片	常见问题	示例图片
划伤	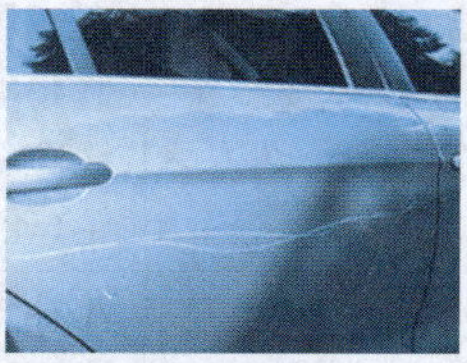	凹痕	
刮蹭		色差	
裂纹	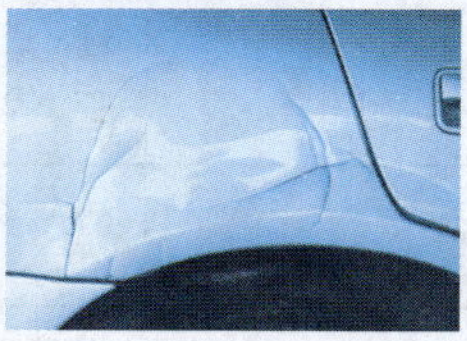	锈蚀	
漆面失光		漆面老化	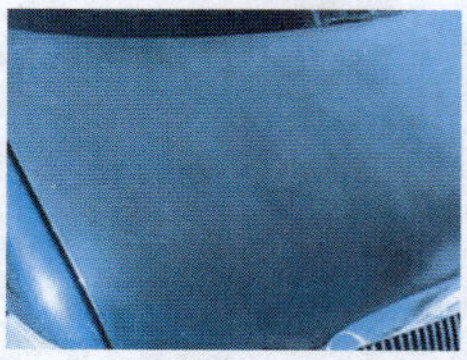

三、外观部件及常见问题描述

外观部件及常见问题描述如表 2-3 所示。

表 2-3　外观部件及常见问题描述

序号	部件	图片	常见问题描述(示例)
1	保险杠		□曾喷漆修复,现漆面完好 □需喷漆或重新安装 □需钣金喷漆 □破裂严重,需更换 □曾维修,先前维修质量差

续表

序号	部件	图片	常见问题描述(示例)
2	中网		□有破损 □曾维修 □曾更换 □需更换车标
3	前照灯		□有损伤 □需更换 □大灯水雾 □需更换灯泡(　　)个 □已更换副厂件,有轻微老化
4	玻璃	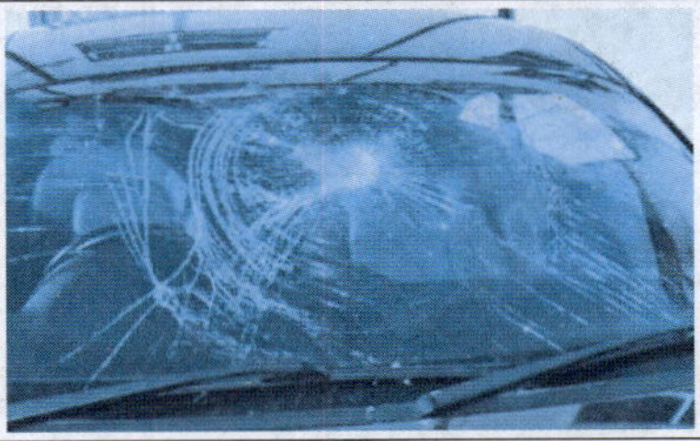	□完好 □有裂纹,已维修 □破裂,需更换
5	前机盖		□曾补漆,现漆面完好 □已更换副厂件 □需更换 □需喷漆
6	翼子板		□变形严重,需钣金维修 □锈蚀严重,需更换 □需喷漆 □曾喷漆
7	车门		□需维修更换 □漆面老化,需喷漆 □需钣金喷漆 □有凹陷,漆面完好

续表

序号	部件	图片	常见问题描述(示例)
8	轮毂		□有破损,需更换 □有损伤,需喷漆
9	后备厢盖		□曾喷漆 □需钣金喷漆 □曾更换副厂件
10	漆面		□全车原漆 □有色差,漆面质量好 □全车多次补漆,色差明显, □漆面老化失光

【任务组织】

任务组织的详细安排如表 2-4 所示。

表 2-4　任务组织的详细安排

组织形式	单班授课、分组教学
教学模式	“教、学、做”一体(角色扮演)
学生分组	4～6 组,每组 4～6 人;建议设组长、发言人、记录员、信息员、操作员等
场地	理实一体化教室,网络环境良好,宽敞、整洁;现场灯光照明良好、通风良好
仪器设备	实训车辆
教学时间	不少于 4 学时

【任务实施】

活动　车身外观的静态检查

活动目标

(1)能依据工作要求,结合实际情况,独立完成工作。

(2)能按照规范的方法,对各部位和相关系统进行检查操作,并准确记录检查过程和结果。

(3)能根据检查中发现的问题和获得的相关信息,对车身外观各部件的各项技术状况进行正确评价。

(4)培养独立的工作习惯、严谨细致的工作作风和积极沟通的工作意识。

一、接受任务

根据公司工作安排,你需要在 20 min 内完成对指定车辆外观的静态检查,并对检查过程及结果进行记录。

二、制定计划

1.分组分工。

请根据工作任务安排,讨论并制定计划,完成小组成员任务分工,找到自己的角色。

□组长　　□发言人　　□记录员　　□信息员　　□其他________

2.收集信息。

(1)车辆类型:____。

(2)基本结构:____。

(3)车辆配置:____。

3.计划制定。

作业内容和实施步骤如下:

(1)作业内容:____

____。

(2)实施步骤:____

____。

三、计划实施

1.请完成评估车辆基本信息和标准配置。

评估车辆基本信息	品牌		车型	
	年款		出厂日期	
	表显里程		车辆识别代码	
	发动机号		首次登记日期	
标准配置				

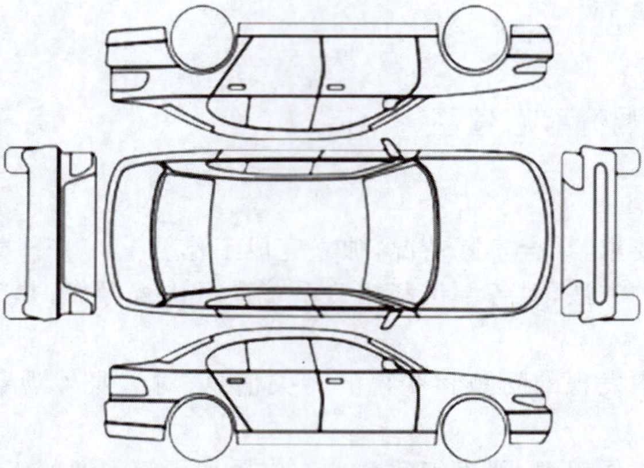

用以下符号在上图中进行标记：○为凹痕，～为划痕，×为锈蚀，#为石击。

2.请完成前部车身相关部件检查，并记录信息。

序号	检查部件	是否正常	问题描述
1	前机盖	□是　□否	
2	前格栅	□是　□否	
3	前车灯	□是　□否	
4	前保险杠	□是　□否	
5	车标、饰条	□是　□否	
6	前翼子板	□是　□否	
7	前车轮	□是　□否	
8	前风窗	□是　□否	
9	雨刮片、大灯清洗	□是　□否	
10	其他	□是　□否	

3.请完成左侧车身的静态检查，并记录信息。

序号	检查部件	是否正常	问题描述
1	左前门	□是　□否	
2	左后门	□是　□否	
3	左侧围板	□是　□否	
4	门槛板	□是　□否	
5	车窗、密封条	□是　□否	
6	左后轮	□是　□否	
7	左侧车标、饰条、护板	□是　□否	
8	左侧门把手、后视镜	□是　□否	

续表

序号	检查部件	是否正常	问题描述
9	左侧车顶、天窗	□是 □否	
10	其他	□是 □否	

4.请完成后部车身相关部件检查,并记录信息。

序号	检查部件	是否正常	问题描述
1	后侧围板	□是 □否	
2	后备厢盖(后车门)	□是 □否	
3	后保险杠	□是 □否	
4	后风窗	□是 □否	
5	后尾灯	□是 □否	
6	车标、饰条、密封条	□是 □否	
7	其他	□是 □否	

5.请完成右侧车身相关部件检查,并记录信息。

序号	检查部件	是否正常	问题描述
1	右前门	□是 □否	
2	右后门	□是 □否	
3	右侧围板	□是 □否	
4	门槛板	□是 □否	
5	车窗、密封条	□是 □否	
6	右后轮	□是 □否	
7	右侧车标、饰条、护板	□是 □否	
8	右侧门把手、后视镜	□是 □否	
9	右侧车顶、天窗	□是 □否	
10	其他	□是 □否	

6.综合评定。

1	全车有( )处补漆,分别是: 其中,原子灰厚度超过( )mm的有( )处,分别是:
2	曾进行漆面修补,现漆面状态良好的区域是:
3	有过钣金修复的部位分别是:
4	需要进行漆面修补的区域是:

续表

5	需要进行抛光修复的区域是:
6	需要进行钣金修复的区域是:
7	需要更换零件的区域是:
8	先前维修质量差,需再次更换零件的区域是:

四、评价反馈

1.请根据自己在任务活动中的实际表现进行自我反思和自我评价。

自我反思	自我评价	存在的问题和解决方案
是否对车身外观静态检查工作的内容和流程有了充分掌握	□是 □否	
是否愿意将自己的理解和建议与小组成员积极沟通和探讨	□是 □否	
小组成员是否都能积极主动地发表自己的意见和建议	□是 □否	
是否认真关注了其他成员的讨论和发言并非常愿意接受其他成员的建议	□是 □否	
是否通过该学习任务获得了经验	□是 □否	
是否可以引导自己所在的小组完成任务	□是 □否	
是否希望能继续和组内成员合作完成其他任务	□是 □否	
是否喜欢小组教学活动	□是 □否	

2.小组评价。

评价项目	评价	存在的问题和解决方案
参与度	☆☆☆☆☆	
完成度	☆☆☆☆☆	
贡献度	☆☆☆☆☆	
发言量	☆☆☆☆☆	
沟通交流	☆☆☆☆☆	
异议处理	☆☆☆☆☆	

3.评价标准。

项目	评分标准	分值	得分
接受任务	明确工作任务，理解任务在企业工作中的重要程度	5	
信息收集	完整准确地收集信息	10	
制定计划	按照工作规范及要求，制定合适的行动计划	10	
	能协同小组人员安排任务分工	5	
	能在实施前准备好需要的工具器材	5	
计划实施	规范地进行场地布置及工具检查	5	
	检查前部车身相关部件	10	
	检查左侧车身相关部件	10	
	检查后部车身相关部件	10	
	检查右侧车身相关部件	10	
质量检查	任务完成，操作过程规范，操作结束后能对现场进行整理	10	
评价反馈	能对自身表现情况进行客观评价	5	
	能在任务实施过程中发现自身存在的问题	5	
得分(满分100)			

任务二　检查车辆内部

【任务描述】

根据公司工作安排，你作为二手车评估师助理，需要在20 min内完成对指定车辆内部的检查。请按照规范的流程和方法，对车辆内部各部分的技术状况进行检查和鉴定，对检查过程中发现的问题如实记录并形成结论性评价。

【任务目标】

素质目标

1.培养严谨细致、认真负责的工作态度。

2.培养独立思考、深入探究的工作习惯，不断积累经验、总结反思。

3.培养独立的工作习惯和积极沟通的意识。

知识目标

1.掌握二手车车辆内部静态检查的内容和基本流程。

2.掌握对车辆内饰和功能部件的检查鉴定方法。

3.掌握在车辆静止状态下对发动机、底盘和电气等系统的检查方法。

能力目标

1.能使用各种技术手段，按照规范的流程对车辆内部进行全面和细致的静态检查。

2.能对静态检查过程中发现的各类问题进行分析并判断其对车辆价值的影响。

【知识准备】

一、车辆内部检查内容和方法

车辆内部检查内容和方法如表 2-5 所示。

表 2-5　车辆内部检查内容和方法

检查角度	检查部位	距离和检查方法	动作和观察范围	检查内容
发动机前部	发动机盖、发动机舱、发动机外观、水箱框架、纵梁、减震器支座、防火墙	打开机盖，近距离观察，配合触摸；使用工作灯	站立；从上到下、从左到右、由近及远	机盖：铰链、封胶、锁具、撑杆、喷水嘴等有无拆装和维修痕迹；标签、铭牌、车架号、发动机号；水箱框架、翼子板内衬、纵梁、减震器支座、防火墙等处有无损伤和维修痕迹；机舱内油迹和污渍程度、发动机外观、管路和线束老化程度及有无拆装维修痕迹；隔音板、密封条有无拆装和污渍、老化状态
发动机	散热器、缸体、缸盖、进排气歧管、转向机、半轴、空调、ABS 泵、保险丝和继电器盒、蓄电池、大灯	打开发动机罩盖等覆盖物，近距离观察，配合触摸；使用工作灯	站立；从上到下、从左到右、由近及远	散热器、大灯的日期标签和有无拆装更换痕迹；缸体、缸盖的外观和螺栓有无拆卸痕迹、进排气歧管和缸盖连接处是否漏气；转向器和半轴等处是否有渗漏；空调冷凝器、压缩机、ABS 泵的完好状态，蓄电池极柱氧化情况，保险丝和继电器盒的完好情况
车门外	车门、铰链；车门立柱	目测+触摸	站立→半蹲；从上到下、从左到右	车门密封条、铰链连接、车门限位器的功能状态和有无拆装痕迹；车门封胶、车门立柱焊点是否正常；车门内有无饰板污渍和拆卸痕迹

续表

检查角度	检查部位	距离和检查方法	动作和观察范围	检查内容
驾驶舱主驾位置	仪表台、中控台、转向盘、变速杆、踏板、车顶内饰、天窗、影音系统、导航系统、倒车辅助系统、安全辅助系统、灯光和雨刮组合开关、喇叭、各处开关、按键、旋钮；后视镜、座椅调整；安全带	进入车内，坐在驾驶员位置上；目测＋触碰＋耳听	端坐；从上到下、从左到右、由近及远	仪表、显示屏等是否正常；开关、按键、旋钮等功能是否正常；内饰有无油迹及污渍程度；机械操控：变速杆、踏板、拉杆是否正常
驾驶舱乘客位置	车窗升降器、车门开关、内饰板、座椅、安全带、脚垫、地胶地板	进入车内，坐在乘客位置上；目测＋触碰＋耳听	端坐；从上到下、从左到右、由近及远	车门开关、玻璃升降器的功能；安全带功能和使用状态；内饰的污渍程度；座椅磨损和皮质老化程度
行李舱	后盖（后车门）、后围板、后侧围板内侧，内饰板；备胎、随车工具	目测＋触摸；配合工作灯	站立→半蹲；从上到下、从左到右	后盖（后车门）、后围板、后侧围板内侧、后底板、备胎槽等处有无封胶、钣焊痕迹，内饰板拆卸和污渍程度；铰链、锁具的功能和有无拆卸痕迹；隔音板、密封条、地板垫的状态；备胎、随车工具的完好程度；线束、碟盒的工作状态

检查油路、管路、线束

二、内饰部件常见损伤及缺陷

内饰部件常见损伤及缺陷如表 2-6 所示。

表 2-6　内饰部件常见损伤及缺陷

常见损伤现象	示例图片	常见损伤现象	示例图片
污渍		裂纹	
划痕	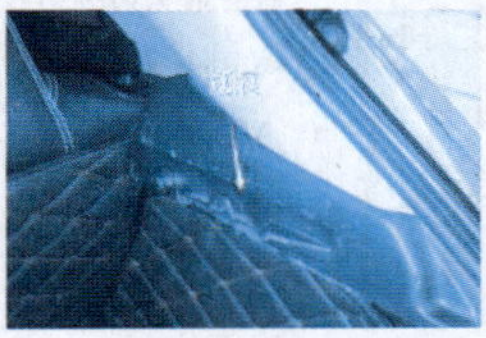	老化	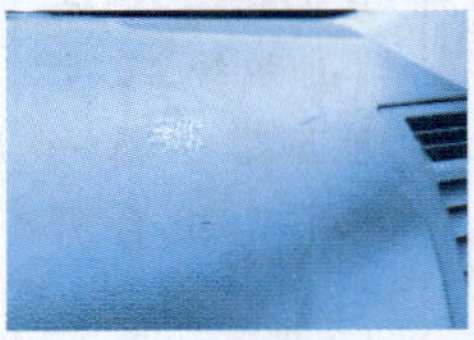
破损		孔洞	

三、内饰部件常见问题及描述

内饰部件常见问题及描述如表 2-7 所示。

表 2-7　内饰部件常见问题及描述

序号	部件	示例图片	常见问题描述(示例)
1	座椅		□完好 □座椅调节功能失灵,需维修 □座椅皮面有污渍,轻微磨损 □座椅皮质老化,破损严重 □座椅加热功能失灵 □座椅变形,需更换 □座椅布面有破洞,需翻新
2	车门内饰		□完好 □有破损,需翻新 □有污渍,需翻新 □需更换车门内饰 □按键开关功能正常,有磨损

续表

序号	部件	示例图片	常见问题描述（示例）
3	安全带	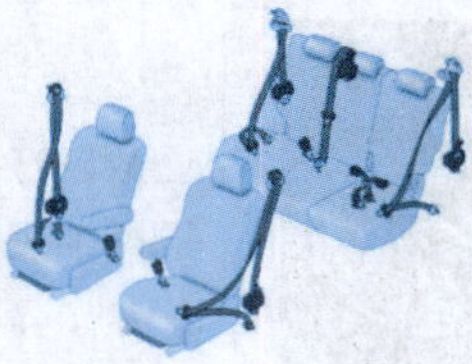	□完好 □有污渍 □已更换
4	方向盘		□完好 □轻微磨损 □按键功能正常，轻微磨损

四、功能部件及常见问题描述

功能部件及常见问题描述如表 2-8 所示。

表 2-8　功能部件及常见问题描述

序号	部件	图片	常见问题描述（示例）
1	车窗玻璃升降器	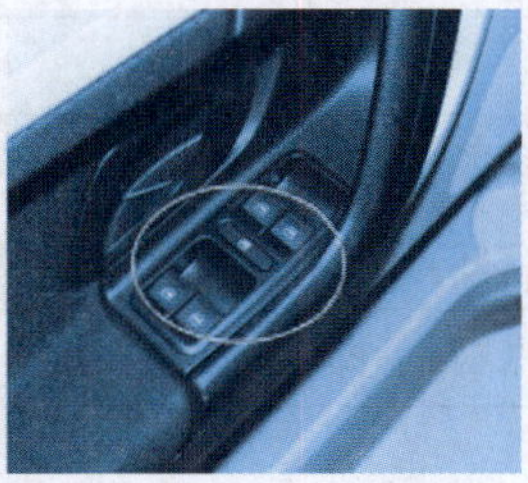	□完好 □玻璃升降异常，需维修 □升降器失灵 □升降器异响 □玻璃升降卡滞
2	天窗		□完好 □天窗漏水 □天窗开关失灵 □天窗滑动异常
3	空调	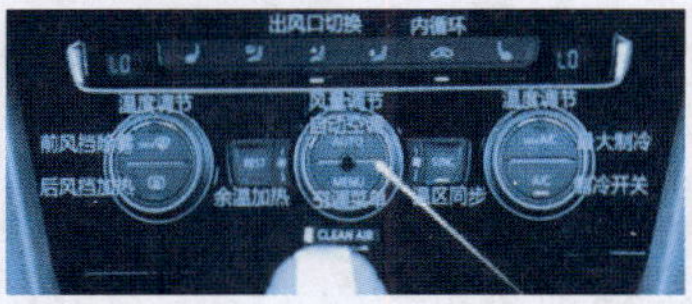	□完好 □不制冷 □不制热 □风机不转 □风道调节异常 □功能调节异常 检查空调

续表

序号	部件	图片	常见问题描述(示例)
4	仪表盘		□完好 □故障灯报警 □燃油表失灵 □显示异常
5	灯光 组合开关	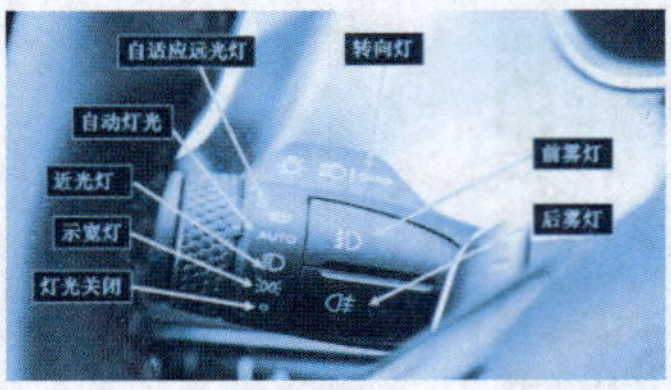	□完好 □远光灯异常,需维修 □转向灯开关复位异常

【任务组织】

任务组织的详细安排如表 2-9 所示。

表 2-9　任务组织的详细安排

组织形式	单班授课、分组教学
教学模式	"教、学、做"一体
学生分组	4～6 组,每组 4～6 人;建议设组长、发言人、记录员、安全员、技术员、信息员等
场地	理实一体化教室,网络环境良好,宽敞、整洁;现场灯光照明良好、通风良好
仪器设备	实训车辆,可联网的笔记本电脑、手机等通信工具
教学时间	不少于 6 学时

【任务实施】

活动一　检查发动机舱

活动目标

(1)能依据工作要求,结合实际情况,独立完成准备工作。

(2)能按照规范的方法,对各部位和相关系统进行检查操作,并准确记录检查过程和结果。

(3)能根据检查中发现的问题和获得的相关信息,对发动机舱内各部件和相关系统的各项技术状况进行正确评价。

(4)培养独立的工作习惯、严谨细致的工作作风和积极沟通的工作意识。

检查发动机舱

一、接受任务

根据公司工作安排，你需要在 15 min 内完成对指定车辆发动机舱的静态检查，并按照要求对检查过程及结果进行记录。

二、制定计划

1.分组分工。

请根据工作任务安排，讨论并制定计划，完成小组成员任务分工，找到自己的角色。

□组长　□发言人　□记录员　□信息员　□其他________

2.收集信息。

(1)车辆类型：________________。

(2)基本结构：________________。

(3)车内配置：________________。

3.计划制定。

作业内容和实施步骤如下：

(1)作业内容：________________________________。

(2)实施步骤：________________________________。

三、计划实施

1.请完成评估车辆基本信息和标准配置。

评估车辆基本信息	品牌		车型	
	年款		出厂日期	
	号牌		车辆识别代码	
	发动机号		首次登记日期	
标准配置				

2.请完成发动机舱车身相关部件检查，并记录信息。

序号	检查部件	是否正常	问题描述
1	机盖锁具和支撑机构	□是　□否	
2	机盖封胶	□是　□否	
3	机盖铰链	□是　□否	
4	翼子板固定螺栓	□是　□否	
5	翼子板内衬	□是　□否	

续表

序号	检查部件	是否正常	问题描述
6	散热器及支架	□是　□否	
7	前照灯及支架	□是　□否	
8	防撞杠和吸能盒	□是　□否	
9	前纵梁	□是　□否	
10	减震器支座和防火墙	□是　□否	
11	其他________	□是　□否	

3.请完成动力系统相关部件检查，并记录信息。

(1)发动机系统检查。

序号	检查部件	是否正常	问题描述
1	机体及螺栓	□是　□否	
2	冷却系统(冷却液)	□是　□否	
3	润滑系统(机油)	□是　□否	
4	启动系统	□是　□否	
5	燃油供给系统(燃油)	□是　□否	
6	进气系统(空气滤芯)	□是　□否	
7	排气系统	□是　□否	
8	点火系统	□是　□否	
9	“V”形皮带	□是　□否	
10	其他	□是　□否	

(2)传动系统检查。

序号	检查部件	是否正常	问题描述
1	变速器、主减速器总成	□是　□否	
2	半轴(防尘套)	□是　□否	
3	分动器总成	□是　□否	
4	其他	□是　□否	

4.请完成电器设备和空调系统相关部件检查,并记录信息。

(1)电器设备检查。

序号	检查部件	是否正常	问题描述
1	保险盒和继电器盒	□是 □否	
2	线路线束	□是 □否	
3	其他	□是 □否	

(2)空调系统检查。

序号	检查部件	是否正常	问题描述
1	冷凝器等机件	□是 □否	
2	管路管线	□是 □否	
3	其他	□是 □否	

5.请完成行驶系统和转向系统相关部件检查,并记录信息。

(1)行驶系统检查。

序号	检查部件	是否正常	问题描述
1	减震器	□是 □否	
2	减震弹簧	□是 □否	
3	拉杆	□是 □否	

(2)转向系统检查。

序号	检查部件	是否正常	问题描述
1	转向器	□是 □否	
2	助力系统管路管线	□是 □否	
3	转向助力油液	□是 □否	
4	转向节	□是 □否	
5	转向拉杆(防尘套)	□是 □否	
6	其他	□是 □否	

6.请完成发动机舱内可见的其他系统相关部件检查,并记录信息。

序号	检查部件	是否正常	问题描述
1	制动液、离合器液面	□是 □否	
2	风窗玻璃清洗液	□是 □否	
3	其他	□是 □否	

四、评价反馈

1.请根据自己在任务活动中的实际表现进行自我反思和自我评价。

自我反思	自我评价	存在的问题和解决方案
是否对发动机舱静态检查工作的内容和流程有了充分掌握	□是 □否	
是否愿意将自己的理解和建议与小组成员积极沟通和探讨	□是 □否	
小组成员是否都能积极主动地发表自己的意见和建议	□是 □否	
是否认真关注了其他成员的讨论和发言并非常愿意接受其他成员的建议	□是 □否	
是否通过该学习任务获得了经验	□是 □否	
是否可以引导自己所在的小组完成任务	□是 □否	
是否希望能继续和组内成员合作完成其他任务	□是 □否	
是否喜欢小组教学活动	□是 □否	

2.小组评价。

评价项目	评价	存在的问题和解决方案
参与度	☆☆☆☆☆	
完成度	☆☆☆☆☆	
贡献度	☆☆☆☆☆	
发言量	☆☆☆☆☆	
沟通交流	☆☆☆☆☆	
异议处理	☆☆☆☆☆	

3.评价标准。

项目	评分标准	分值	得分
接受任务	明确工作任务，理解任务在企业工作中的重要程度	5	
信息收集	完整准确地收集信息	10	
制定计划	按照工作规范及要求，制定合适的行动计划	10	
	能协同小组人员安排任务分工	5	
	能在实施前准备好需要的工具器材	5	

续表

项目	评分标准	分值	得分
计划实施	规范地进行场地布置及工具检查	5	
	检查车身相关构件	10	
	检查动力系统各部件	10	
	检查电器设备和空调系统各部件	10	
	检查行驶和转向系统各部件	10	
质量检查	任务完成,操作过程规范	10	
评价反馈	能对自身表现情况进行客观评价	5	
	能在任务实施过程中发现自身存在的问题	5	
得分(满分 100)			

活动二　检查驾驶舱

活动目标

(1)能依据工作要求,结合实际情况,独立完成准备工作。

(2)能按照规范的方法,对车辆驾驶舱各部位和相关系统进行检查操作,并准确记录检查过程和结果。

(3)能根据检查中发现的问题和获得的相关信息,对驾驶舱内各部件和相关系统的各项技术状况进行评价。

(4)培养独立的工作习惯、严谨细致的工作作风和积极沟通的工作意识。

一、接受任务

根据公司工作安排,你需要在 20 min 内完成对指定车辆驾驶舱的静态检查,并对检查过程及结果进行记录。

二、制定计划

1.分组分工。

请根据工作任务安排,讨论并制定计划,完成小组成员任务分工,找到自己的角色。

□组长　　□发言人　　□记录员　　□信息员　　□其他________

2.收集信息。

(1)车辆类型:________________。

(2)基本结构:________________。

(3)车辆配置:________________。

3.计划制定。

作业内容和实施步骤如下:

(1)作业内容:________________

____。

(2)实施步骤：____

____。

三、计划实施

1.请完成评估车辆基本信息和标准配置。

评估车辆基本信息	品牌		车型	
	年款		出厂日期	
	号牌		车辆识别代码	
	发动机号		首次登记日期	
标准配置				

2.请完成驾驶舱内饰件检查，并记录信息。

序号	检查部件	是否正常	问题描述
1	车门内饰	□是　□否	
2	车顶内饰	□是　□否	
3	车底内饰	□是　□否	
4	立柱内饰	□是　□否	
5	仪表台内饰	□是　□否	
6	其他	□是　□否	

3.请完成驾驶舱密封件检查，并记录信息。

序号	检查部件	是否正常	问题描述
1	车门密封	□是　□否	
2	车窗密封	□是　□否	
3	天窗密封	□是　□否	
4	其他	□是　□否	

4.请完成驾驶舱操控系统相关部件检查，并记录信息。

(1)转向系统相关部件。

序号	检查部件	是否正常	问题描述
1	转向盘(多功能转向盘)	□是　□否	
2	转向柱	□是　□否	

续表

序号	检查部件	是否正常	问题描述
3	转向灯	□是 □否	
4	其他	□是 □否	

(2)变速系统相关部件。

序号	检查部件	是否正常	问题描述
1	离合器踏板	□是 □否	
2	变速操纵杆(按键、旋钮)	□是 □否	
3	分动器操纵	□是 □否	

(3)制动系统相关部件。

序号	检查部件	是否正常	问题描述
1	制动踏板	□是 □否	
2	驻车制动操纵杆(踏板)	□是 □否	
3	其他	□是 □否	

5.请完成仪表和照明系统相关部件检查,并记录信息。

序号	检查部件	是否正常	问题描述
1	仪表	□是 □否	
2	仪表照明及调节	□是 □否	
3	阅读灯和氛围灯	□是 □否	
4	警示灯(报警灯)	□是 □否	

6.请完成驾驶舱内安全性部件检查,并记录信息。

序号	检查部件	是否正常	问题描述
1	安全带	□是 □否	
2	安全气囊	□是 □否	
3	其他	□是 □否	

7.请完成驾驶舱内其他各功能性部件检查,并记录信息。

序号	检查部件	是否正常	问题描述
1	天窗(开关、密封、排水)	□是 □否	
2	空调(冷暖风、模式调节、分区控制、过滤)	□是 □否	

续表

序号	检查部件	是否正常	问题描述
3	音响(音质、音量、高低音及其他功能)	□是 □否	
4	锁具(车门锁、儿童锁、中控锁、门锁遥控、防盗系统)	□是 □否	
5	车窗(车窗升降)	□是 □否	
6	后视镜(后视镜折叠、调节、记忆、加热)	□是 □否	
7	巡航	□是 □否	
8	座椅(座椅调节、记忆、加热、通风)	□是 □否	
9	灯光	□是 □否	
10	风窗洗涤	□是 □否	
11	喇叭	□是 □否	
12	手套箱	□是 □否	
13	前后雨刮	□是 □否	
14	自动启停	□是 □否	
15	时钟	□是 □否	
16	防盗报警系统	□是 □否	
17	舱盖开启	□是 □否	
18	车门铰链	□是 □否	
19	其他________	□是 □否	

四、评价反馈

1.请根据自己在任务活动中的实际表现进行自我反思和自我评价。

自我反思	自我评价	存在的问题和解决方案
是否对驾驶舱静态检查工作的内容和流程有了充分掌握	□是 □否	
是否愿意将自己的理解和建议与小组成员积极沟通和探讨	□是 □否	
小组成员是否都能积极主动地发表自己的意见和建议	□是 □否	
是否认真关注了其他成员的讨论和发言并非常愿意接受其他成员的建议	□是 □否	
是否通过该学习任务获得了经验	□是 □否	

续表

自我反思	自我评价	存在的问题和解决方案
是否可以引导自己所在的小组完成任务	□是 □否	
是否希望能继续和组内成员合作完成其他任务	□是 □否	
是否喜欢小组教学活动	□是 □否	

2.小组评价。

评价项目	评价	存在的问题和解决方案
参与度	☆☆☆☆☆	
完成度	☆☆☆☆☆	
贡献度	☆☆☆☆☆	
发言量	☆☆☆☆☆	
沟通交流	☆☆☆☆☆	
异议处理	☆☆☆☆☆	

3.评价标准。

项目	评分标准	分值	得分
接受任务	明确工作任务，理解任务在企业工作中的重要程度	5	
信息收集	完整准确地收集信息	10	
制定计划	按照工作规范及要求，制定合适的行动计划	10	
	能协同小组人员安排任务分工	5	
	能在实施前准备好需要的工具器材	5	
计划实施	规范地进行场地布置及工具检查	5	
	检查车身相关构件	10	
	检查动力系统各部件	10	
	检查电器和空调系统各部件	10	
	检查行驶和转向系统各部件	10	
质量检查	任务完成，操作过程规范	10	
评价反馈	能对自身表现情况进行客观评价	5	
	在任务实施过程中发现自身存在的问题	5	
得分(满分100)			

活动三 检查行李舱

活动目标

(1)能依据工作要求,结合实际情况,独立完成准备工作。

(2)能按照规范的方法,对各部位和相关系统进行检查,并准确记录检查过程和结果。

(3)能根据检查中发现的问题和获得的相关信息,对行李舱内各部件和相关系统的技术状况进行合理评价。

(4)培养独立的工作习惯、严谨细致的工作作风和积极沟通的工作意识。

一、接受任务

根据公司工作安排,你需要在5 min内完成对指定车辆行李舱的静态检查,并按照要求对检查过程及结果进行记录。

二、制定计划

1.分组分工。

请根据工作任务安排,讨论并制定计划,完成小组成员任务分工,找到自己的角色。

□组长　□发言人　□记录员　□信息员　□其他________

2.收集信息。

(1)车辆类型:________________________________。

(2)基本结构:________________________________。

(3)车辆配置:________________________________。

3.计划制定。

作业内容和实施步骤如下:

(1)作业内容:________________________________

____。

(2)实施步骤:________________________________

____。

三、计划实施

1.请完成评估车辆基本信息和标准配置。

评估车辆基本信息	品牌		车型	
	年款		出厂日期	
	号牌		车辆识别代码	
	发动机号		首次登记日期	
标准配置				

2.请完成行李舱车身相关部件检查,并记录信息。

序号	检查部件	是否正常	问题描述
1	后备厢(后车门)锁具	□是　□否	
2	封胶	□是　□否	
3	后备厢盖铰链、撑杆	□是　□否	
4	后侧围板和后围板	□是　□否	
5	密封条	□是　□否	
6	行李舱内饰板	□是　□否	
7	车标、饰条、护板	□是　□否	
8	后车窗	□是　□否	
9	其他	□是　□否	

3.请完成行李舱内其他部件检查,并记录信息。

序号	检查部件	是否正常	问题描述
1	后尾灯总成	□是　□否	
2	备胎(日期、磨损、气压)	□是　□否	
3	三脚架(警示牌)	□是　□否	
4	其他	□是　□否	

四、评价反馈

1.请根据自己在任务活动中的实际表现进行自我反思和自我评价。

自我反思	自我评价	存在的问题和解决方案
是否对行李舱静态检查工作的内容和流程有了充分掌握	□是　□否	
是否愿意将自己的理解和建议与小组成员积极沟通和探讨	□是　□否	
小组成员是否都能积极主动地发表自己的意见和建议	□是　□否	
是否认真关注了其他成员的讨论和发言并非常愿意接受其他成员的建议	□是　□否	

续表

自我反思	自我评价	存在的问题和解决方案
是否通过该学习任务获得了经验	□是 □否	
是否可以引导自己所在的小组完成任务	□是 □否	
是否希望能继续和组内成员合作完成其他任务	□是 □否	
是否喜欢小组教学活动	□是 □否	

2.小组评价。

评价项目	评价	存在的问题和解决方案
参与度	☆☆☆☆☆	
完成度	☆☆☆☆☆	
贡献度	☆☆☆☆☆	
发言量	☆☆☆☆☆	
沟通交流	☆☆☆☆☆	
异议处理	☆☆☆☆☆	

3.评价标准。

项目	评分标准	分值	得分
接受任务	明确工作任务，理解任务在企业工作中的重要程度	10	
信息收集	完整准确地收集信息	10	
制定计划	按照工作规范及要求，制定合适的行动计划	10	
	能协同小组人员安排任务分工	5	
	能在实施前准备好需要的工具器材	5	
计划实施	规范地进行场地布置及工具检查	10	
	检查车身相关构件	20	
	检查行李舱内其他系统各部件	10	
质量检查	任务完成，操作过程规范	10	
评价反馈	对自身表现情况进行客观评价	5	
	能在任务实施过程中发现自身存在的问题	5	
得分(满分 100)			

任务三　检查车辆底部

【任务描述】

根据公司工作安排，你作为二手车评估师助理，需要在 20 min 内完成对指定车辆底盘和底部车身的静态检查。请按照规范的流程和方法，对车辆底盘各系统、底部车身各部位的技术状况进行检查和鉴定，对检查过程中发现的问题如实记录并形成结论性评价。

【任务目标】

素质目标

1.培养严谨细致、认真负责的工作态度。

2.培养独立思考、深入探究的工作习惯，不断积累经验、总结反思。

3.培养独立的工作习惯和积极沟通的意识。

知识目标

1.掌握二手车车辆底盘和底部车身静态检查的内容和基本流程。

2.掌握对车辆底盘和底部车身的静态检查鉴定方法。

能力目标

1.能使用各种技术手段，按照规范的流程对车辆底盘和底部车身进行全面和细致的静态检查。

2.能对静态检查过程中发现的各类问题进行分析并判断其对车辆价值的影响。

【知识准备】

一、车身底部静态检查内容

进行车辆静态检查时，在完成外观检查和内部检查后，要使用举升机将车辆进行举升后对车辆底部进行全面系统的检查。

车身底部检查的范围通常包括：

(1)动力系统底部：发动机、变速器、水箱、中冷器、排气系统、半轴、球笼等。

(2)车身底部：车底板、后纵梁、底边梁等。

(3)转向和行驶系统：转向器、球头铰链、拉杆、减震器、减震弹簧、车轮轮胎等。

(4)制动系统及其他：制动器、空调系统、相关连接管路等。

车身底部的检查需要特别注意：

(1)检查油液渗漏情况。

(2)检查损伤、变形、锈蚀情况。

(3)检查松旷、磨损、缺损、连接情况。

二、车身底部检查方法和注意事项

(一)车身底部检查方法

车身底部检查方法如表 2-10 所示。

表 2-10 车身底部检查方法

检查角度	检查部位	距离和检查方法	动作	检查内容
底部仰视	发动机、变速器底部	近距离观察，配合照明工作灯进行目测检查	站立	发动机曲轴箱、油底壳、机滤器、涡轮增压器等的渗漏情况；变速器壳体、半轴油封等的渗漏情况
	传动系统	近距离观察，配合照明工作灯进行目测检查	站立	传动轴或驱动轴
	车身底板、车门槛底边	近距离观察，配合照明工作灯进行目测检查	站立	板件外观损伤、锈蚀等情况和维修痕迹
底部仰视、侧面平视	制动系统	近距离观察，配合照明工作灯进行目测检查	站立	制动分泵处有无油污，制动管路是否老化和渗漏；制动盘片的厚度和磨损情况
	排气系统	近距离观察，配合照明工作灯进行目测检查	站立	排气系统管路的损伤、泄漏、锈蚀等情况；三元催化器、消声器的磕碰损伤情况和声音
底部仰视	前悬架	近距离观察，配合照明工作灯进行目测检查	站立	减震器的油污、渗漏情况；轴距变形量
	后悬架	近距离观察，配合照明工作灯进行目测检查	站立	后桥磕碰情况；连杆、拉杆的干涉和摩擦情况；减震器渗漏情况
	转向系统	近距离观察，配合照明工作灯进行目测检查	站立	转向拉杆和球头松旷情况；防尘套老化和破损情况；转向助力泵、转向机和油管的渗漏情况；维修和更换情况

(二)举升机使用注意事项

(1)举升机支点的位置。

(2)举升机额定载荷质量。

(3)举升机最大限高。

(4)举升机前后臂载荷分配和支臂长度。

(5)车轮离地后，检查支臂、支脚是否牢靠。

(6)举升高度基本到位后，下降高度使保险锁安全有效。

(7)举升机升降过程中，车下不得有人有物。

【任务组织】

任务组织的详细安排如表 2-11 所示。

表 2-11　任务组织的详细安排

组织形式	单班授课、分组教学
教学模式	“教、学、做”一体(角色扮演)
学生分组	4～6 组，每组 4～6 人；建议设组长、发言人、记录员、安全员、技术员、信息员等
场地	理实一体化教室，网络环境良好，宽敞、整洁；现场灯光照明良好、通风良好
仪器设备	实训车辆、举升机
教学时间	不少于 2 学时

【任务实施】

活动　车身底部的静态检查

活动目标

(1)能依据工作要求，结合实际情况，独立完成准备工作。

(2)能按照规范的方法，对车辆底部各部位和相关系统进行检查操作，并准确记录检查过程和结果。

(3)能根据检查中发现的问题和获得的相关信息，从车辆底部对动力系统各部件和相关系统的各项技术状况进行合理评价。

(4)培养独立的工作习惯，培养良好的团队协作能力。

一、接受任务

根据工作安排，你需要对车辆底部进行静态检查，并对检查过程及结果进行记录。

二、制定计划

1.分组分工。

请根据工作任务安排，讨论并制定计划，完成小组成员任务分工，找到自己的角色。

□组长　　□发言人　　□记录员　　□信息员　　□其他________

2.收集信息。

(1)车辆类型：________________________________。

(2)基本结构：________________________________。

(3)车辆配置：________________________________。

3.计划制定。

作业内容和实施步骤如下：

(1)作业内容：____

____。

(2)实施步骤：____

____。

三、计划实施

1.请完成评估车辆基本信息和标准配置。

评估车辆基本信息	品牌		车型	
	年款		出厂日期	
	号牌		车辆识别代码	
	发动机号		首次登记日期	
标准配置				

检查范围：发动机、变速器、差速器、水箱、中冷器、排气系统、半轴、球笼、油封等。

检查内容主要包括：检查油液渗漏情况；检查损伤、变形、锈蚀情况；检查老化、松旷、磨损、缺损、连接情况。

2.请完成发动机和传动系统底部相关部件检查，并记录信息。

(1)发动机系统检查。

序号	检查部件	是否正常	问题描述
1	机体	□是 □否	
2	燃油供给系统	□是 □否	
3	润滑系统	□是 □否	
4	排气系统	□是 □否	
5	其他	□是 □否	

(2)传动系统检查。

序号	检查部件	是否正常	问题描述
1	变速器、主减速器总成	□是 □否	
2	分动器	□是 □否	
3	半轴	□是 □否	
4	防尘套	□是 □否	
5	其他	□是 □否	

3.请完成底部车身相关部件检查,并记录信息。

(1)前部车身底部检查。

序号	检查部件	是否正常	问题描述
1	发动机护板、副车架	□是 □否	
2	防撞杠、吸能盒	□是 □否	
3	前纵梁	□是 □否	
4	防火墙	□是 □否	
5	其他	□是 □否	

(2)中、后部车身底部检查。

序号	检查部件	是否正常	问题描述
1	纵梁	□是 □否	
2	底板	□是 □否	
3	门槛板	□是 □否	
4	后防撞杠	□是 □否	
5	其他	□是 □否	

4.请完成行驶系统、制动系统、转向系统相关部件底部检查,并记录信息。

(1)行驶系统检查。

序号	检查部件	是否正常	问题描述
1	减震弹簧	□是 □否	
2	减震器	□是 □否	
3	拉杆、摆臂	□是 □否	
4	胶套、胶垫、铰链	□是 □否	
5	其他	□是 □否	

(2)制动系统检查。

序号	检查部件	是否正常	问题描述
1	制动器	□是 □否	
2	拉索	□是 □否	
3	管路	□是 □否	
4	其他	□是 □否	

(3)转向系统检查。

序号	检查部件	是否正常	问题描述
1	转向器	□是 □否	
2	转向助力系统管线管路	□是 □否	
3	转向节	□是 □否	
4	拉杆、铰链	□是 □否	
5	其他	□是 □否	

四、评价反馈

1.请根据自己在任务活动中的实际表现进行自我反思和自我评价。

自我反思	自我评价	存在的问题和解决方案
是否对车身底部静态检查工作的内容和流程有了充分掌握	□是 □否	
是否愿意将自己的理解和建议与小组成员积极沟通和探讨	□是 □否	
小组成员是否都能积极主动地发表自己的意见和建议	□是 □否	
是否认真关注了其他成员的讨论和发言并非常愿意接受其他成员的建议	□是 □否	
是否通过该学习任务获得了经验	□是 □否	
是否可以引导自己所在的小组完成任务	□是 □否	
是否希望能继续和组内成员合作完成其他任务	□是 □否	
是否喜欢小组教学活动	□是 □否	

2.小组评价。

评价项目	评价	存在的问题和解决方案
参与度	☆☆☆☆☆	
完成度	☆☆☆☆☆	
贡献度	☆☆☆☆☆	
发言量	☆☆☆☆☆	
沟通交流	☆☆☆☆☆	
异议处理	☆☆☆☆☆	

3.评价标准。

项目	评分标准	分值	得分
接受任务	明确工作任务，理解任务在企业工作中的重要程度	5	
信息收集	完整准确地收集信息	10	
制定计划	按照工作规范及要求，制定合适的行动计划	10	
	能协同小组人员安排任务分工	5	
	能在实施前准备好需要的工具器材	5	
计划实施	规范地进行场地布置及工具检查	5	
	检查底部车身相关构件	10	
	检查动力系统各部件	10	
	检查制动系统各部件	10	
	检查行驶和转向系统各部件	10	
质量检查	任务完成，操作过程规范	10	
评价反馈	能对自身表现情况进行客观评价	5	
	能在任务实施过程中发现自身存在的问题	5	
得分(满分100)			

任务四　拍摄车辆照片

【任务描述】

根据公司工作安排，你作为二手车评估师助理，需要在20 min内完成对指定车辆的照片拍摄，并按照规范的流程和方法对车身外观、内饰等进行拍照，对拍摄的照片进行整理后上传至指定平台。

【任务目标】

素质目标

1.培养严谨细致、认真负责的工作态度。

2.培养独立的工作习惯和积极沟通的意识。

知识目标

1.掌握二手车照片拍摄的内容和基本流程。

2.掌握对二手车拍照的方法。

能力目标

1.能选择合适的场地，按照规范的流程对车辆进行全面和细致的照片拍摄。

2.能对照片拍摄过程中发现的各类问题进行判断分析，并做出恰当的处理。

【知识准备】

通过给车辆拍摄照片的方式，为车辆需求方提供车辆信息，使其了解车辆的实际情况，既可以方便车辆需求方对信息的了解掌握，也可以有效缩短车辆流通周转时间，提高车辆交易的效率。对于身处互联网时代的二手车从业者而言，如何为车辆拍摄可以呈现真实状态的照片也是有必要掌握的一项技能。

一、二手车拍照前的准备工作

（一）车辆准备

车辆要进行整备清洗，对车内物品进行必要的清理和整理，所有车窗与天窗遮阳板尽量开启（避免玻璃反光，改善驾驶室内部拍摄的采光），车轮保持直行方向或向右偏转不大于45°（使车辆更显动感）。车辆准备如图2-2所示。

图2-2　车辆准备

（二）背景和场地选择

选择相对空旷的场所，相机与车辆之间要有足够的空间，避免其他物体对车辆反光形成杂乱投影的情况。在车辆后面可悬挂带有公司标志的背景布或选择干净整洁的墙壁作为背景。背景和场地选择如图2-3所示。

图2-3　背景和场地选择

(三)光照条件选择

拍摄二手车照片时，不要选择在正午和阴雨天气进行，以避免强烈日光或光照不足的情况，尽量选择雨过天晴或晴朗天气下的自然光线。尽量在漫反射的条件下进行拍摄，选择在阴影内拍摄，避免直射的强烈光线。光照条件选择如图 2-4 所示。

图 2-4 光照条件选择

(四)设备和工具的选择和准备

拍照设备选择高清晰、高像素的相机，建议使用 1000 万以上像素。相机设置在 AUTO 挡，设置照片风格为“标准”，ISO 设置为自动“A”挡，尺寸设置为 640×480(方便大多数的网站上传)，焦距设置为“标准”。

二、照片拍摄的内容和方法

(一)拍摄数量

二手车照片的数量应能展示车辆的基本状况，需要拍哪些照片在拍摄前应做好计划，每个位置和角度的拍摄以及细节的特写照片都须足量，方便后期筛选和使用。

(二)照片内容

二手车照片应涵盖外观组、内饰组、发动机底盘组、附件组等，包括但不限于以下内容：

(1)左前 45°的车身外观(车辆直停或左斜 45°，停车后方向右旋，展示左侧面车身与轮胎信息，前右角与后左角与相框间距离相同)。

(2)驾驶室前排(展示前排驾驶空间、座椅)。

(3)仪表台(点火开关打开，重点展示仪表信息，特别是行驶里程数)(见图 2-5)。

图 2-5 拍摄仪表台

(4)驾驶室后排座椅(重点展示驾驶室后排座椅空间)(见图 2-6)。

图 2-6　拍摄驾驶舱

(5)中控台(重点展示车辆驾驶室中控台全貌)(见图 2-7)。

图 2-7　拍摄中控台

(6)车辆铭牌(重点展示车辆数据信息)。

(7)发动机舱(展示车辆发动机舱结构)。

(8)右后 45°(展示车辆尾部与右侧面)。

(9)正后方(展示车辆尾部全貌)。

(10)行李舱(展示车辆后部和行李舱内空间)(见图 2-8)。

图 2-8　拍摄行李舱

另外,除可抛光的轻微划痕不用拍照之外,其他任何形式的缺陷都需要拍照,同时缺陷(包括手续缺失)的照片尽量配文字说明。

(三)拍摄位置和角度

常见的二手车拍摄位置和角度如下(见图 2-9):

(1)外观:正前方、正侧面、正后方、前侧方 45°、后侧方 45°等。

(2)驾驶舱:仪表盘、前排座椅、后排座椅、中控台等。

(3)发动机舱、行李舱、车钥匙,车辆各处缺陷细节的特写,车辆相关资料(车辆登记证、行驶证等)。

图 2-9 不同的拍摄位置和角度

(四)拍摄顺序

建议的拍摄顺序:左前 45°→前排座椅→仪表台→后排座椅→中控台→行李舱→车辆铭牌→发动机舱→车身侧面→右后 45°。

(五)拍摄要求

(1)相机拿稳,避免抖动,防止图像虚化。

(2)车辆整体外观照片多采用"平拍",内饰照片多采用"俯拍",局部细节(特别是缺陷)的展示采用"特写"。

(3)涉及隐私的内容(如车辆号牌、车架号等信息)要做必要的遮挡,拍摄的每一张照片都要突出主题。

(4)车辆行驶证年检日期必须拍摄清楚,车辆登记证的变更信息必须拍摄清楚。

【任务组织】

任务组织的详细安排如表 2-12 所示。

表 2-12 任务组织的详细安排

组织形式	单班授课、分组教学
教学模式	"教、学、做"一体
学生分组	4~6 组,每组 4~6 人;建议设组长、发言人、记录员、安全员、技术员、信息员等
场地	理实一体化教室,网络环境良好,宽敞、整洁;现场灯光照明良好、通风良好
仪器设备	实训车辆,照相器材,可联网的笔记本电脑、手机等通信工具
教学时间	不少于 2 学时

【任务实施】

活动　拍摄车辆照片

活动目标

(1)能依据工作要求,结合实际情况,独立完成准备工作。

(2)能按照规范的方法对车辆进行拍照操作。

(3)培养与他人协作的习惯和人际交往能力。

一、接受任务

根据工作安排,你需要对车辆进行拍照,按照任务需要选择拍照环境、设计拍照内容和实施拍照操作,并在拍摄工作完成后对照片进行整理汇总,上传到指定的平台。

二、制定计划

1.分组分工。

请根据工作任务安排,讨论并制定计划,完成小组成员任务分工,找到自己的角色。

□组长　□发言人　□记录员　□信息员　□其他______

2.收集信息。

(1)二手车电商平台内车源信息相关图片内容：______。

(2)信息收集和整理：______。

3.计划制定。

作业内容和实施步骤如下：

(1)作业内容：______

______。

(2)实施步骤：______

______。

三、计划实施

1.二手车拍照前的准备工作

(1)车辆准备。

准备工作内容	是否完成	问题记录
车辆清洁(检查)	□是　□否	
车辆号牌遮挡	□是　□否	
车辆车轮角度	□是　□否	
车辆驻车制动	□是　□否	
车内物品清理	□是　□否	

(2)场地和光照条件。

准备工作内容	是否完成	问题记录
宽敞场地	□是　□否	
平坦场地	□是　□否	
背景板	□是　□否	
采光良好	□是　□否	

(3)设备、工具的选择和准备。

准备工作内容	是否完成	问题记录
	□是　□否	
	□是　□否	
	□是　□否	
	□是　□否	

2.照片拍摄

(1)拍摄数量：__________(组)__________(张)。

(2)车辆外观。

①车辆前方	②车辆侧面	③车辆后方
正前 侧前	正侧面(左、右)	正后方 侧后方

(3)车辆内部。

①车辆驾驶舱	②车辆发动机舱	③车辆行李舱
内饰、仪表、座椅、操控装置等		

(4)车辆手续相关照片内容。

①车辆登记证	②车辆行驶证	③其他

(5)缺陷(特写)照片内容。

①	②	③

四、评价反馈

1.请根据自己在任务活动中的实际表现进行自我反思和自我评价。

自我反思	自我评价	存在的问题和解决方案
是否对车辆照片拍摄工作的流程和方法有了充分掌握	□是 □否	
是否愿意将自己的理解和建议与小组成员积极沟通和探讨	□是 □否	
小组成员是否都能积极主动地发表自己的意见和建议	□是 □否	
是否认真关注了其他成员的讨论和发言并非常愿意接受其他成员的建议	□是 □否	
是否通过该学习任务获得了经验	□是 □否	
是否可以引导自己所在的小组完成任务	□是 □否	
是否希望能继续和组内成员合作完成其他任务	□是 □否	
是否喜欢小组教学活动	□是 □否	

2.小组评价。

评价项目	评价	存在的问题和解决方案
参与度	☆☆☆☆☆	
完成度	☆☆☆☆☆	
贡献度	☆☆☆☆☆	
发言量	☆☆☆☆☆	
沟通交流	☆☆☆☆☆	
异议处理	☆☆☆☆☆	

3.评价标准。

项目	评分标准	分值	得分
接受任务	明确工作任务，理解任务在工作中的重要程度	5	
信息收集	完整准确地收集信息	10	
制定计划	按照工作规范及要求，制定合适的行动计划	10	
	能协同小组人员安排任务分工	5	
	能在实施前准备好需要的工具器材	5	

续表

项目	评分标准	分值	得分
计划实施	规范地进行场地布置及工具检查	5	
	完成拍照前的准备工作	10	
	拍摄规定数量的照片	10	
	拍摄车辆外观照片	10	
	拍摄车辆内部照片	10	
质量检查	任务完成,操作过程规范	10	
评价反馈	能对自身表现情况进行客观评价	5	
	能在任务实施过程中发现自身存在的问题	5	
得分(满分100)			

项目三

动态鉴定二手车技术状况

对于二手车的技术状态和实际使用性能的鉴定，动态检查的环节必不可少。车辆在诸如动力、操控、制动、舒适性等方面的性能都需要评估师在动态检查时，通过对车辆在不同路况、不同工况下的实际表现进行评估。

【知识架构】

- 动态鉴定二手车技术状况
  - 路试前的准备
    - 一、启动前的检查
    - 二、检查发动机工况
  - 路试检查车辆技术状况
    - 一、二手车路试检查的主要内容
    - 二、二手车路试检查工作流程和基本方法
    - 三、二手车路试后检查的主要内容和方法

任务一　路试前的准备

【任务描述】

根据公司工作安排，你作为二手车鉴定评估师助理，需要在 15 min 内完成对指定车辆路试前的各项准备工作，将检查结果进行记录并向评估师汇报。

【任务目标】

素质目标

1.培养认真负责的工作态度。

2.培养勤学好问的学习态度。

知识目标

1.掌握路试前准备工作的内容，能正确检查车辆油液、灯光、仪表及安全和操控装置的技术性能。

2.掌握发动机性能检查的方法和技巧，能正确评价发动机的启动性能、怠速性能、加速性能和排放性能。

3.掌握汽车路试检查的方法和技巧，能正确评价汽车的动力性、制动性、行驶稳定性，能判断汽车的故障症状和原因。

能力目标

1.能独立完成车辆进行路试前的准备。

2.能配合完成二手车的动态检查工作，并对发现的问题如实进行记录。

【知识准备】

一、启动前的检查

在进行路试之前，为确保安全，应先检查机油油位、冷却液液位、制动液液位、离合器液压油液位、动力转向油的油量、油箱的油量（或动力电池电量）、冷却风扇传动带、制动踏板行程和制动灯以及轮胎气压，各个项目正常后方可启动发动机，对发动机各运行工况进行检查，然后再进行路试。

路试前的车辆检查

（一）检查油液

检查油液的相关内容如表 3-1 所示。

表 3-1　检查油液的相关内容

序号	检查项目	检查方法	标准要求	注意事项	图例
1	机油液位	机油尺或仪表（电子油尺）	机油高度位于上限和下限之间	车辆须停在平地	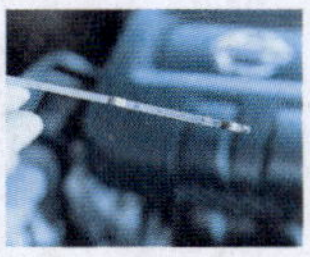
2	冷却液液位	检查储液罐中冷却液的液位	在“MIN”到“MAX”的范围内	车辆须停在平地	
3	制动液液位	检查贮液罐中的液面高度	贮液罐的上限（MAX）与下限（MIN）刻线之间	车辆须停在平地	
4	离合器液压油液位	检查贮液罐中的液面高度	贮液罐的上限（MAX）与下限（MIN）刻线之间	车辆须停在平地	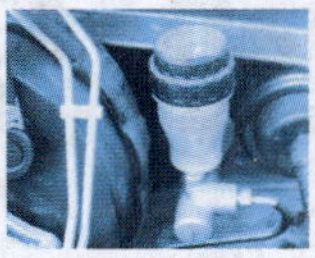
5	动力转向油油量	检查贮液罐中的液面高度	贮液罐的上限（MAX）与下限（MIN）刻线之间	车辆须停在平地	
6	燃油箱的油量	打开点火开关，查看油量表和报警	油量未报警	车辆须停在平地	

检查发动机机油　　检查防冻液(冷却液)　　检查制动液

(二)检查仪表

检查仪表如图 3-1 所示。

图 3-1　检查仪表

通过观察仪表盘上面的指示灯点亮与熄灭的情况,检查车内的报警信号灯,如图 3-2 所示。在点火开关打开后,部分指示灯都会自检,通常几秒钟后就会自动熄灭。如发动机自检指示灯、安全气囊检测指示灯、ABS 系统检测指示灯等,若都在接通电源后点亮,并在 3～4 s 后熄灭,表示系统正常;不亮或长亮则表示故障,需要尽快排查故障原因。注意:当按下电源开关但是没有启动发动机时,部分指示灯常亮是正常的!

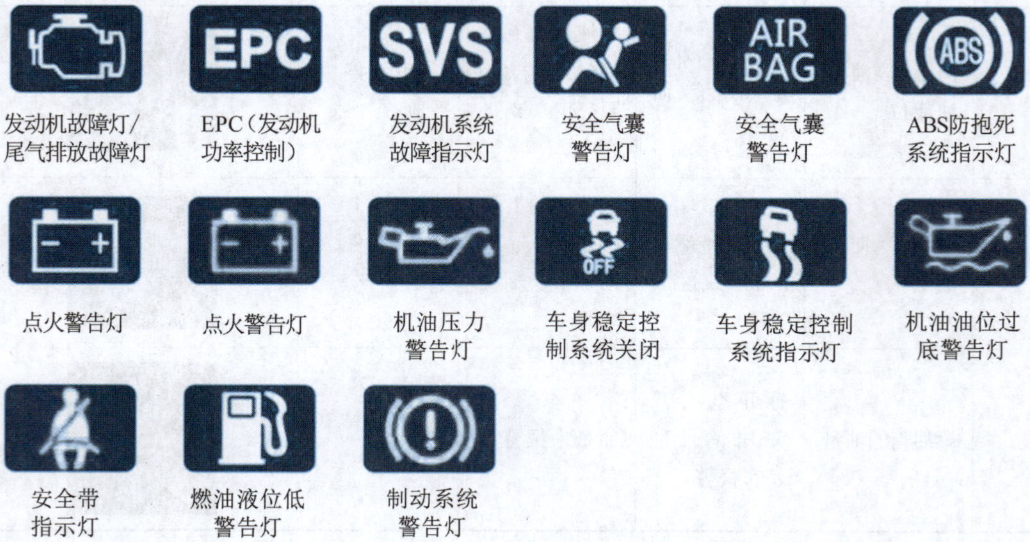

图 3-2　常见指示灯

当车辆仪表中各色不同的警示灯点亮或常亮时，可能说明车辆存在不同的问题，因此需要对仪表灯显示情况进行检查并记录，如表 3-2 所示。

表 3-2　仪表灯显示情况

序号	仪表灯光颜色	含义	典型代表	图例
1	黄色	功能性故障！应尽快检修处理（可以继续行驶）	燃油液位警告灯、胎压警告灯等	 轮胎压力监测指示灯　燃油液位低警告灯　冷却液液位过低警告灯
2	红色	会影响安全或造成严重损伤！应停车熄火，立即进行检查或维修	机油压力警告灯、制动系统警告灯、安全带指示灯等	 转向助力系统故障灯　乘客安全带提示灯　动力蓄电池故障指示灯
3	绿色	车辆部分辅助系统功能正在运行	转向指示灯、近光灯、前雾灯、示宽指示灯、定速巡航指示灯、ECO 激活指示灯等	 巡航控制指示灯　前雾灯指示灯　前照明指示灯
4	琥珀色	故障！应尽快检修，谨慎驾驶，避免高速	发动机故障灯、防抱死制动 ABS 系统故障灯、安全气囊 SRS 故障灯	 刹车片磨损指示灯　发动机故障灯/尾气排放故障灯　水温报警指示灯
5	蓝色	车辆远光灯已打开，如非必要，可选择关闭；发动机冷却液温度低，避免高速行驶	远光灯指示灯、冷却液低温指示灯	 低水温指示灯　远光灯指示灯

需要注意的是，各品牌汽车仪表指示灯颜色和图案的含义并不完全统一，必要时需参考车辆使用手册中的说明。仪表指示灯的颜色和图案如图 3-3 所示。

图 3-3　仪表指示灯的颜色和图案

(三)安全和操控检查

安全和操控检查情况如表 3-3 所示。

表 3-3　安全和操控检查情况

序号	检查项目	检查方法	标准要求	注意事项	图例
1	制动踏板	踩下制动踏板	坚实、无松软感	踩下制动踏板后,启动车辆,检查助力系统的工作性能	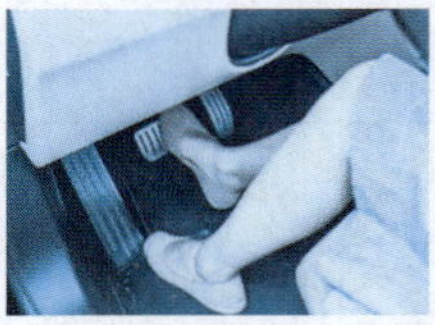
2	离合踏板	踩下离合踏板	自由行程适当,分离彻底	启动车辆后进行检查	
3	轮胎气压	打开点火开关,查看仪表(胎压表)或使用轮胎气压表检查	胎压均匀且在规定范围内	无	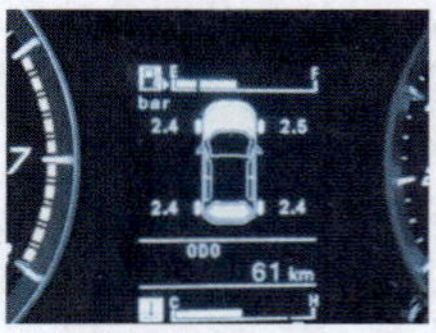
4	灯光	分别打开转向灯、踩下制动踏板,查看转向灯和制动灯等灯光信号	灯光信号均能正常点亮	无	

(四)选择路试道路

道路选择对车辆路试效果影响较大,为全面检查车辆的动态使用性能,选择路试道路的基本要求如下:

(1)车流量较小或避开拥堵时段。

(2)路面基本平整,宽度至少两车道。

(3)有部分颠簸路面、连续弯道、坡度路面等较复杂路况。

(4)往返路程不少于 5 km。

二、检查发动机工况

检查发动机工况如表 3-4 所示。

表 3-4　检查发动机工况

序号	检查项目	检查方法	标准要求	注意事项
1	启动	启动发动机	3 次内启动成功	每次启动时间不超过 5 s，再次启动时间要间隔 15 s
2	怠速	发动机启动后使其怠速运转	怠速和高怠速均转速平稳，无抖动	开空调后，发动机转速应上升到 1000 r/min 左右
3	急加速	迅速开大节气门	发动机提速响应迅速，转速迅速提高，无回火，无抖动；转速过渡平稳，减速时转速平稳下落，怠速稳定不熄火	建议在发动机温度达到 80 ℃以上后操作
4	中、高速	加大节气门开度，并保持发动机中、高转速运转	在各个转速下都能平稳运行；转速稳定，无异响、无抖动	注意高转速下的发动机噪声
5	异响	可使用听诊器	无异响	在多种工况下进行听诊检查，准确记录异响出现时的工况、转速、温度、部位和声音特点及规律
6	排气	观察排气管口	排气气流稳定、脉动正常；排气气味和颜色正常	注意排气口应干燥、洁净，有水排出

发动机工况比较复杂，正确检查和判断发动机工况需要较丰富的驾驶和维修经验。对于很多行业的新人来说，正确检查和准确判断发动机工况是一件相对困难的事情，必要时可以邀请专业维修技师在维修站使用发动机综合分析仪对发动机性能进行检测并提出工作建议。仪器检测情况如表 3-5 所示。

表 3-5 仪器检测情况

检查项目	问题记录	其他问题描述
仪器检测	□无故障 □发动机控制单元故障或无法检测 □自动变速箱控制单元故障 □舒适系统电路故障 □发动机氧传感器故障 □发动机节流阀故障 □ABS 传感器故障 □ABS 泵偶发故障 □ABS 泵失灵 □主气囊失灵 □气囊控制单元失灵 □ESP 失灵 □副气囊失灵 □气囊灯报警、电路故障 □其他问题 □无仪器，未检测	
仪器检测综合描述		

【任务组织】

任务组织的详细安排如表 3-6 所示。

表 3-6 任务组织的详细安排

组织形式	单班授课、分组教学
教学模式	“教、学、做”一体（角色扮演）
学生分组	4～6 组，每组 4～6 人；建议设组长、发言人、记录员、信息员、操作员等
场地	理实一体化教室，网络环境良好，宽敞、整洁；现场灯光照明良好、通风良好
仪器设备	实训车辆
教学时间	不少于 4 学时

【任务实施】

活动一 启动前的检查

活动目标

(1)能依据工作要求，结合实际情况，独立完成工作。

(2)能按照规范的方法，对车辆各部位和相关系统进行检查操作，并准确记录检查过程和结果。

(3)能根据检查中发现的问题和获得的相关信息，对各部件和相关系统的各项技术状况进行正确评价。

(4)培养独立的工作习惯、严谨细致的工作作风和积极沟通的工作意识。

一、接受任务

根据公司工作安排，你需要在15 min内完成对指定车辆的路试前准备，请对准备过程中发现的问题认真记录，并对问题进行分析，同时将准备情况进行汇报。

二、制定计划

1.分组分工。

请根据工作任务安排，讨论并制定计划，完成小组成员任务分工，找到自己的角色。

□组长　□发言人　□记录员　□信息员　□其他________

2.收集信息。

____

____。

3.计划制定。

作业内容和实施步骤如下：

(1)作业内容：____

____。

(2)实施步骤：____

____。

三、计划实施

1.请完成评估车辆基本信息和标准配置。

评估车辆基本信息	品牌		车型	
	年款		出厂日期	
	表显里程		车辆识别代码	
	发动机号		首次登记日期	
标准配置				

2.请完成车辆启动前检查，并记录信息。

序号	检查部件	是否正常	问题描述
1	机油液位	□是　□否	
2	冷却液液位	□是　□否	

续表

序号	检查部件	是否正常	问题描述
3	制动液液位	□是 □否	
4	离合器液压油液位	□是 □否	
5	动力转向油油量	□是 □否	
6	燃油箱的油量	□是 □否	
7	仪表警示灯	□是 □否	
8	制动踏板	□是 □否	
9	离合踏板	□是 □否	
10	轮胎气压	□是 □否	
11	灯光	□是 □否	

启动前检查问题综述：

经检查鉴定，该车辆____________

□符合 □不符合 启动条件。

四、评价反馈

1.请根据自己在任务活动中的实际表现进行自我反思和自我评价。

自我反思	自我评价	存在的问题和解决方案
是否对动态检查前准备工作的内容和流程有了充分掌握	□是 □否	
是否愿意将自己的理解和建议与小组成员积极沟通和探讨	□是 □否	
小组成员是否都能积极主动地发表自己的意见和建议	□是 □否	
是否认真关注了其他成员的讨论和发言并非常愿意接受其他成员的建议	□是 □否	
是否通过该学习任务获得了经验	□是 □否	
是否可以引导自己所在的小组完成任务	□是 □否	
是否希望能继续和组内成员合作完成其他任务	□是 □否	
是否喜欢小组教学活动	□是 □否	

2.小组评价。

评价项目	评价	存在的问题和解决方案
参与度	☆☆☆☆☆	
完成度	☆☆☆☆☆	
贡献度	☆☆☆☆☆	
发言量	☆☆☆☆☆	
沟通交流	☆☆☆☆☆	
异议处理	☆☆☆☆☆	

3.评价标准。

项目	评分标准	分值	得分
接受任务	明确工作任务，理解任务在企业工作中的重要程度	5	
信息收集	完整准确地收集信息	5	
制定计划	按照工作规范及要求，制定合适的行动计划	5	
	能协同小组人员安排任务分工	5	
	能在实施前准备好需要的工具器材	5	
计划实施	规范地进行场地布置及工具检查	5	
	检查车辆油液	10	
	检查车辆仪表	10	
	检查车辆灯光信号	10	
	检查车辆操控装置	10	
	检查车辆轮胎气压	10	
质量检查	任务完成，操作过程规范，操作结束后能对现场进行整理	10	
评价反馈	能对自身表现情况进行客观评价	5	
	能在任务实施过程中发现自身存在的问题	5	
得分（满分100）			

活动二　检查发动机工况

活动目标

(1)能依据工作要求，结合实际情况，独立完成发动机工况检查。

(2)能按照规范的方法，对发动机工况进行检查操作，并准确记录检查过程和结果。

(3)能根据检查中发现的问题和获得的相关信息，对发动机各工况下的技术状况进行正确评价。

(4)培养独立的工作习惯、严谨细致的工作作风和积极沟通的工作意识。

一、接受任务

根据公司工作安排,你需要在15 min内完成对指定车辆的发动机工况检查,请认真记录准备过程中发现的问题并分析原因,将准备情况进行汇报。

二、制定计划

1.分组分工。

请根据工作任务安排,讨论并制定计划,完成小组成员任务分工,找到自己的角色。

□组长　□发言人　□记录员　□信息员　□其他________

2.收集信息。

____

______________________________。

3.计划制定。

作业内容和实施步骤如下:

(1)作业内容:______________________________

______________________________。

(2)实施步骤:______________________________

______________________________。

三、计划实施

1.请完成评估车辆基本信息和标准配置。

评估车辆基本信息	品牌		车型	
	年款		出厂日期	
	表显里程		车辆识别代码	
	发动机号		首次登记日期	
标准配置				

2.启动发动机进行检查。

序号	检查内容	是否正常	问题描述
1	启动	□是　□否	
2	怠速	□是　□否	
3	急加速	□是　□否	
4	中、高速	□是　□否	

续表

序号	检查内容	是否正常	问题描述
5	异响	□是 □否	
6	排气	□是 □否	

3.仪器检测。

仪器类型:□发动机综合分析仪 □汽车故障检测仪 □其他________

序号	检查项目	是否正常	问题描述
1		□是 □否	
2		□是 □否	
3		□是 □否	
4		□是 □否	
5		□是 □否	
6		□是 □否	
7		□是 □否	

仪器检测问题综述:

四、评价反馈

1.请根据自己在任务活动中的实际表现进行自我反思和自我评价。

自我反思	自我评价	存在的问题和解决方案
是否对动态检查前准备工作的内容和流程有了充分掌握	□是 □否	
是否愿意将自己的理解和建议与小组成员积极沟通和探讨	□是 □否	
小组成员是否都能积极主动地发表自己的意见和建议	□是 □否	
是否认真关注了其他成员的讨论和发言并非常愿意接受其他成员的建议	□是 □否	
是否通过该学习任务获得了经验	□是 □否	
是否可以引导自己所在的小组完成任务	□是 □否	
是否希望能继续和组内成员合作完成其他任务	□是 □否	
是否喜欢小组教学活动	□是 □否	

2.小组评价。

评价项目	评价	存在的问题和解决方案
参与度	☆☆☆☆☆	
完成度	☆☆☆☆☆	
贡献度	☆☆☆☆☆	
发言量	☆☆☆☆☆	
沟通交流	☆☆☆☆☆	
异议处理	☆☆☆☆☆	

3.评价标准。

项目	评分标准	分值	得分
接受任务	明确工作任务，理解任务在企业工作中的重要程度	5	
信息收集	完整准确地收集信息	5	
制定计划	按照工作规范及要求，制定合适的行动计划	5	
	能协同小组人员安排任务分工	5	
	能在实施前准备好需要的工具器材	5	
计划实施	规范地进行场地布置及工具检查	5	
	启动发动机	10	
	检查怠速工况	10	
	检查急加速工况	10	
	检查中、高速工况	5	
	检查异响	5	
	检查排气	5	
	进行仪器检测	10	
质量检查	任务完成，操作过程规范，操作结束后能对现场进行整理	5	
评价反馈	能对自身表现情况进行客观评价	5	
	能在任务实施过程中发现自身存在的问题	5	
得分（满分100）			

任务二 路试检查车辆技术状况

【任务描述】

根据公司工作安排，你作为二手车鉴定评估师助理，需要在 15 min 内完成对指定车辆的路试，在路试工作完成后对车辆进行检查，记录检查结果并向评估师汇报。

【任务目标】

素质目标

1.培养认真负责的工作态度。

2.培养勤学好问的学习习惯。

知识目标

1.掌握路试工作的流程和方法。

2.掌握汽车路试检查的方法和技巧。

能力目标

1.能通过路试正确评价车辆的动力性、制动性、行驶稳定性，能判断汽车的故障症状和原因。

2.能配合教师完成二手车的动态检查工作，并对发现的问题如实记录。

【知识准备】

汽车路试是通过一定里程的道路测试，综合检查汽车各方面的实际使用性能，一般行驶 3～5 km 即可，特殊情况下可以行驶 10～20 km 甚至更多。

一、二手车路试检查的主要内容

(一)检查车辆动力性能

通过在不同道路上进行车辆起步、急加速、超车、爬坡、高速行驶等工况下的驾驶体验，测试汽车的最高车速、汽车的加速时间、汽车的最大爬坡度等动力性能指标，检查发动机性能以及发动机与传动系统的性能匹配情况。

(二)检查车辆操控性能

(1)检查转向控制性能。通过停车场内的低速挪车、停车出入库等，考察车辆的转弯半径、低速挪车的灵活性及低速转向的轻重；通过市区内道路(20～60 km/h)驾驶，在道路变道和路口左右转，检查转向力变化，在完成路口转向后加速时，方向盘应该快速回位，中低速转向时，转向盘不应该转动太多；通过郊区道路(40～80 km/h)驾驶时的超车、变道、坡路行驶等，检查小角度范围的转向响应是否及时；高速(80～120 km/h)驾驶时，检查很小角度范围内的转向响应幅度和响应速度以及转向力变化。

(2)检查车辆行驶的稳定性。以不同的速度在车稀人少的笔直道路上行驶,检查车辆直线行驶的稳定性;在连续弯道上行驶时检查弯道行驶的稳定性。

(3)检查车辆减速和制动性能。通过不同速度、不同坡度、不同路面下车辆减速、紧急制动、高速制动、短时间多次重复制动或上下坡连续制动等测试,检查车辆的油门响应、发动机制动和车辆制动距离、制动时间、制动稳定性和制动热衰退,观察制动效果以及车辆在制动过程中是否存在跑偏、甩尾、方向盘抖动;通过陡坡时的坡道驻车检查车辆驻车制动性能。

(4)检查驾驶操控的方便性和变速器换挡质量。在行驶条件下,检查驾驶员操控车辆换挡、灯光、信号、巡航、空调、音响、座椅等的方便和舒适程度;检查在不同道路条件下,车速变化时变速器的换挡质量。

(三)检查车辆舒适性能

(1)检查车辆行驶的平顺性。通过不同路面(普通道路、弯道、颠簸路面等)条件下不同速度的驾驶,检查车辆缓冲减震的性能,测试车辆的悬架系统、车辆轮胎的缓冲和减震性能以及车身结构在颠簸路面下的振动和噪声表现。

(2)检查车辆行驶状态下的乘坐舒适性。在不同速度、不同路面条件下驾驶车辆,检查车内乘坐环境,对噪声的隔绝性、音响品质、座椅舒适性、乘坐舒适性及异响情况进行评价。

(3)检查车辆行驶条件下车辆空调系统、影音系统及智能网联系统人机互动体验的效果和便捷程度。

车辆路试检查

二、二手车路试检查工作流程和基本方法

二手车路试检查工作流程和基本方法如表 3-7 所示。

表 3-7　二手车路试检查工作流程和基本方法

序号	检查环节	检查重点	检查方法	评价标准	注意事项
1	起步前	发动机异响、抖动	发动机怠速、高怠速及中速运转	无异响	仪表报警;缓慢提高转速
2	起步	动力传递,升挡提速	低速移动,缓慢加速	动力传递正常;离合器无打滑;变速器挡位清晰;无异响	确认安全
3	20 km/h	转向松旷	小幅度转动方向盘	转向灵敏、可靠	确认路面情况安全
		制动	踩下制动踏板	迅速停车	确认路面情况安全

续表

序号	检查环节	检查重点	检查方法	评价标准	注意事项
5	40 km/h	颠簸路面	匀速通过	无异响	注意异响声源
		连续弯道	匀速通过	转向性能可靠；悬架性能可靠	确认路况正常；路面情况安全
		紧急制动	迅速踩下制动踏板	减速反应迅速；车辆迅速停车；无甩尾、跑偏；ABS系统正常	路面条件正常；后方无车辆行驶
6	60 km/h	发动机工况	提升发动机转速	发动机加速平稳，声音正常	缓慢加速；路况安全
		变速器工况	低速挡升至高速挡	升挡正常；挡位清晰；无异响	确认路况安全
		制动性能	点刹后正常踩下制动踏板	车辆减速过程平稳	确认路面正常；确认路况安全
7	减速、调头	转向系统	向左打满轮、急加速	转向无异响；底盘无异响；出弯后方向自动回正	路面正常；后方无车
		变速器工况	高速挡降至低速挡	降挡正常；挡位清晰；换挡冲击正常；无异响	确认路况安全
8	80 km/h以上车速	发动机工况	急加速超车；缓慢加速	动力响应正常；车速提高迅速	路面正常；路况安全
		手动变速器工况	加速；超车	离合器无打滑；挡位清晰无脱挡	路面正常；路况安全
		自动变速器换挡质量	加速；超车	换挡冲击正常；无异响；无打滑；换挡无迟滞	安全驾驶；注意道路限速
		车内噪声	打开音响；打开空调；关闭车窗	胎噪正常；风噪正常；隔音正常	路况安全
		制动性能	连续点刹，制动反应正常	无跑偏、甩尾、抖动	路面正常；路况安全

续表

序号	检查环节	检查重点	检查方法	评价标准	注意事项
9	停车入位	各部件检查	倒车入库；驻车制动	变速器倒挡正常；倒车雷达和影像正常；驻车制动正常	无
		油液检查、温度检查	检查底盘；可将车辆举升	轮毂温度正常；水温正常；无漏油漏液	发动机怠速运转，不熄火

三、二手车路试后检查的主要内容和方法

车辆路试结束，停车入位后，需要在发动机不熄火的情况下对车辆进一步进行检查，用举升机设备将车辆举升，重点检查路试过程中发现的问题点以及漏油漏液和车辆温度变化。二手车路试后检查的主要内容和方法如表 3-8 所示。

车辆路试后检查

表 3-8 二手车路试后检查的主要内容和方法

序号	检查内容	检查重点	方法	注意事项
1	冷却液温度	散热器、发动机各区域温差	使用红外测温仪	避免身体接触，防止烫伤
2	发动机温度	机油温度	使用红外测温仪	避免身体接触，防止烫伤
3	变速器温度	齿轮油温度	使用红外测温仪	避免身体接触，防止烫伤
4	制动器温度	各制动器温度及温差	使用红外测温仪	避免身体接触，防止烫伤
5	轮毂轴承温度	各轮毂轴承温度及温差	使用红外测温仪	避免身体接触，防止烫伤
6	减震器温度	各减震器温度及温差	使用红外测温仪	避免身体接触，防止烫伤
7	漏液	机油、齿轮油、冷却液、制动液等有无渗漏	目测	避免身体接触
8	松旷、异响	路试中发现的问题点部位；车轮、悬架、发动机、车体等机件连接处	必要时可使用检测锤、铜棒、听诊器	举升车辆检查时注意安全

【任务组织】

任务组织的详细安排如表 3-9 所示。

表 3-9　任务组织的详细安排

组织形式	单班授课、分组教学
教学模式	“教、学、做”一体(角色扮演)
学生分组	4～6 组,每组 4～6 人;建议设组长、发言人、记录员、信息员、操作员等
场地	安全的测试道路或安装有模拟仿真系统的机房
仪器设备	实训车辆或电脑
教学时间	不少于 4 学时

【任务实施】

活动一　路试检查二手车

活动目标

(1)能依据工作要求,使用仿真系统独立完成二手车路试检查工作。

(2)能按照规范的方法,在规定路线安全操纵车辆,对车辆各系统的性能进行动态检查,并准确记录检查过程和结果。

(3)能根据检查中发现的问题和获得的相关信息,对车辆各项技术状况进行正确评价。

(4)培养安全谨慎的工作习惯、严谨细致的工作作风和积极沟通的工作意识。

一、接受任务

根据公司工作安排,你需要在 20 min 内完成对指定车辆的路试检查,认真记录检查过程中发现的问题并做分析,将路试情况向领导进行汇报。

二、制定计划

1.分组分工。

请根据工作任务安排,讨论并制定计划,完成小组成员任务分工,找到自己的角色。

□组长　□发言人　□记录员　□信息员　□其他__________

2.收集信息。

____

____。

3.计划制定。

作业内容和实施步骤如下:

(1)作业内容:____

____。

(2)实施步骤：____

____。

三、计划实施

1.请完成评估车辆基本信息和标准配置。

评估车辆基本信息	品牌		车型	
	年款		出厂日期	
	表显里程		车辆识别代码	
	发动机号		首次登记日期	
标准配置				

2.填写路试检查记录表。

检查项目	问题记录	其他问题描述
发动机	□运行平稳，加速顺畅，工况良好 □发动机敲缸 □加速异响 □加速无力 □加速闯车 □机油压力报警 □冷却液温度高 □发动机缸盖漏水	
变速器(手动)	□无故障 □挡位不清 □换挡异响 □行驶异响 □行驶脱挡 □倒挡异响 □离合器打滑烧蚀	
变速器(自动)	□无故障 □换挡冲击大 □换挡延迟 □加速闯车 □打滑 □行驶异响 □倒挡失灵 □失灵	
前悬架	□无故障 □前副梁松旷 □转向节臂松旷 □转向球头松旷	
后悬架	□无故障 □后桥松旷	
涡轮增压器	□无故障 □加速异响 □加速无力 □漏机油	
路试	□无故障 □底盘松旷 □车辆前部行驶异响 □行驶跑偏 □制动跑偏 □车辆后部行驶异响 □方向飘忽 □滑行阻滞 □方向不能自动回位	
性能状况综合描述		

3.车辆动态检查情况。

序号	检查内容	是否正常	性能和问题描述
1	检查车辆启动性能	□是 □否	
2	检查车辆动力性能	□是 □否	
3	检查车辆制动性能	□是 □否	
4	检查车辆操控性能	□是 □否	
5	检查车辆舒适性能	□是 □否	

4.综合研判车辆存在的问题。

序号	存在的问题	数量(处)	问题描述
1			
2			
3			

经动态检查鉴定,该车辆____

____

四、评价反馈

1.请根据自己在任务活动中的实际表现进行自我反思和自我评价。

自我反思	自我评价	存在的问题和解决方案
是否对二手车路试检查工作的内容和流程有了充分掌握	□是 □否	
是否愿意将自己的理解和建议与小组成员积极沟通和探讨	□是 □否	
小组成员是否都能积极主动地发表自己的意见和建议	□是 □否	
是否认真关注了其他成员的讨论和发言并非常愿意接受其他成员的建议	□是 □否	
是否通过该学习任务获得了经验	□是 □否	
是否可以引导自己所在的小组完成任务	□是 □否	
是否希望能继续和组内成员合作完成其他任务	□是 □否	
是否喜欢小组教学活动	□是 □否	

2.小组评价。

评价项目	评价	存在的问题和解决方案
参与度	☆☆☆☆☆	
完成度	☆☆☆☆☆	
贡献度	☆☆☆☆☆	
发言量	☆☆☆☆☆	
沟通交流	☆☆☆☆☆	
异议处理	☆☆☆☆☆	

3.评价标准。

项目	评分标准	分值	得分
接受任务	明确工作任务,理解任务在企业工作中的重要程度	5	
信息收集	完整准确地收集信息	5	
制定计划	按照工作规范及要求,制定合适的行动计划	5	
	能协同小组人员安排任务分工	5	
	能在实施前准备好需要的工具器材	5	
计划实施	规范地进行场地布置及工具检查	5	
	检查车辆动力性能	10	
	检查车辆制动性能	10	
	检查车辆转向操控	10	
	检查车辆行驶稳定性	10	
	检查车辆变速器换挡质量	10	
	检查车辆行驶噪音和舒适性能	5	
质量检查	任务完成,操作过程规范,操作结束后能对现场进行整理	5	
评价反馈	能对自身表现情况进行客观评价	5	
	能在任务实施过程中发现自身存在的问题	5	
得分(满分100)			

活动二　路试后检查二手车

活动目标

(1)能依据工作要求,使用仿真系统独立完成二手车路试后的检查工作。

(2)能正确进行路试后检查,并准确记录检查过程和结果。

(3)能根据检查中发现的问题和获得的相关信息,对车辆各项技术状况进行评价。

(4)培养安全谨慎的工作习惯、严谨细致的工作作风和积极沟通的工作意识。

一、接受任务

根据公司工作安排,你需要在10 min内完成对指定车辆的路试后检查,认真记录检查过程中发现的问题并做分析,将检查情况和结果向领导进行汇报。

二、制定计划

1.分组分工。

请根据工作任务安排,讨论并制定计划,完成小组成员任务分工,找到自己的角色。

□组长　□发言人　□记录员　□信息员　□其他________

2.收集信息。

____

____。

3.计划制定。

作业内容和实施步骤如下:

(1)作业内容:________________________________

____。

(2)实施步骤:________________________________

____。

三、计划实施

1.请完成评估车辆基本信息和标准配置。

评估车辆基本信息	品牌		车型	
	年款		出厂日期	
	表显里程		车辆识别代码	
	发动机号		首次登记日期	
标准配置				

2.请完成车辆相关检查,并记录信息。

序号	检查项目	检查方法	是否正常	问题描述
1			□是 □否	
2			□是 □否	
3			□是 □否	
4			□是 □否	
5			□是 □否	
6			□是 □否	
7			□是 □否	
8			□是 □否	
9			□是 □否	

3.车辆路试后检查。

序号	检查内容	是否正常	问题描述
1		□是 □否	
2		□是 □否	
3		□是 □否	
4		□是 □否	
5		□是 □否	

4.综合研判车辆存在的问题。

序号	存在的问题	数量(处)	问题描述
1			
2			
3			

经检查鉴定,该车辆______________________________

____

四、评价反馈

1.请根据自己在任务活动中的实际表现进行自我反思和自我评价。

自我反思	自我评价	存在的问题和解决方案
是否对二手车路试检查工作的内容和流程有了充分掌握	□是 □否	
是否愿意将自己的理解和建议与小组成员积极沟通和探讨	□是 □否	
小组成员是否都能积极主动地发表自己的意见和建议	□是 □否	
是否认真关注了其他成员的讨论和发言并非常愿意接受其他成员的建议	□是 □否	
是否通过该学习任务获得了经验	□是 □否	
是否可以引导自己所在的小组完成任务	□是 □否	
是否希望能继续和组内同学合作完成其他任务	□是 □否	
是否喜欢小组教学活动	□是 □否	

2.小组评价。

评价项目	评价	存在的问题和解决方案
参与度	☆☆☆☆☆	
完成度	☆☆☆☆☆	
贡献度	☆☆☆☆☆	
发言量	☆☆☆☆☆	
沟通交流	☆☆☆☆☆	
异议处理	☆☆☆☆☆	

3.评价标准。

项目	评分标准	分值	得分
接受任务	明确工作任务，理解任务在企业工作中的重要程度	5	
信息收集	完整准确地收集信息	5	
制定计划	按照工作规范及要求，制定合适的行动计划	5	
	能协同小组人员安排任务分工	5	
	能在实施前准备好需要的工具器材	5	

续表

项目	评分标准	分值	得分
计划实施	规范地进行场地布置及工具检查	5	
	检查车辆冷却液温度	10	
	检查车辆发动机和变速器温度	10	
	检查车辆减震器温度	10	
	检查车辆制动器温度	10	
	检查车辆轮毂轴承温度	5	
	检查车辆油液渗漏情况	5	
	检查车辆松旷异响情况	5	
质量检查	任务完成,操作过程规范,操作结束后能对现场进行整理	5	
评价反馈	能对自身表现情况进行客观评价	5	
	能在任务实施过程中发现自身存在的问题	5	
得分(满分 100)			

项目四

鉴别非正常车辆

事故车、泡水车等非正常车辆的安全性较低，容易导致车辆自燃和交通事故等意外情况而造成经济损失和人员伤亡。在二手车交易中，人们往往会担心购买到这类非正常车辆。实际上，通过全面系统的检查和鉴别，完全可以甄别出这些车辆。本项目主要介绍鉴别事故车、泡水车、调表车等非正常车辆的方法，使学生能够具备通过典型特征识别出这些非正常车辆的能力，培养学生严谨细致、认真负责的工作态度，提高鉴定此类非正常车辆的职业敏感度。

【知识架构】

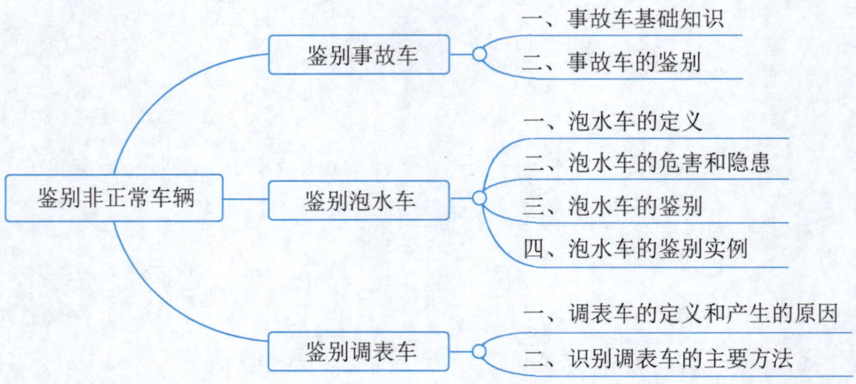

任务一　鉴别事故车

【任务描述】

根据公司工作安排，你作为二手车评估师助理，需要在 20 min 内完成对指定车辆的检查，鉴定车辆是否为事故车。请你按照规范的流程和方法，对车辆技术状况进行检查和鉴定，对检查过程中发现的问题如实记录并形成结论性评价。

【任务目标】

素质目标

1.培养严谨细致、认真负责的工作态度，提高对事故车的职业敏感度。

2.培养独立思考、深入探究的工作习惯。

知识目标

1.掌握事故车的常见特征。

2.掌握鉴别事故车的基本流程和方法。

能力目标

能按照规范的流程对车辆进行全面和细致的检查，识别事故车。

【知识准备】

一、事故车基础知识

(一)事故车的定义

事故车是指由非自然损耗的事故造成车辆伤损，导致机械性能、经济价值下降的车辆。事故车一般是指存在结构性损伤的碰撞事故车辆。此外，泡水事故车、火灾事故车等都属于“特殊事故车”。

按照《二手车鉴定评估技术规范》(GBT 30323—2013)国家标准的规定，当车辆A、B、C柱及前纵梁和前后减震器支座等部位发生变形、扭曲、更换、烧焊及皱褶等情况，或车体左右对称性结构发生问题时，即可认定为事故车。

该国家标准中的第5.6.4条规定，当表4-1中任何一个检查项目存在表4-2中对应的缺陷时，则该车为事故车，表4-1车体部位代码表载明的检查项目或车体部位包括“车体左右对称性、左A柱、左B柱、左C柱、右A柱、右B柱、右C柱、左前纵梁、右前纵梁、左前减震器悬挂部位、右前减震器悬挂部位、左后减震器悬挂部位、右后减震器悬挂部位”，表4-2车辆缺陷状态描述对应表中缺陷描述为“变形、扭曲、更换、烧焊、褶皱”。

表4-1　车体部位代码表

序号	检查项目	序号	检查项目
1	车体左右对称性	8	左前纵梁
2	左A柱	9	右前纵梁
3	左B柱	10	左前减震器悬挂部位
4	左C柱	11	右前减震器悬挂部位
5	右A柱	12	左后减震器悬挂部位
6	右B柱	13	右后减震器悬挂部位
7	右C柱		

表4-2　车辆缺陷状态描述对应表

代表字母	BX	NQ	GH	SH	ZZ
缺陷描述	变形	扭曲	更换	烧焊	褶皱

资料来源：《二手车鉴定评估技术规范》(GBT 30323—2013)。

车身的主要结构如图4-1所示。

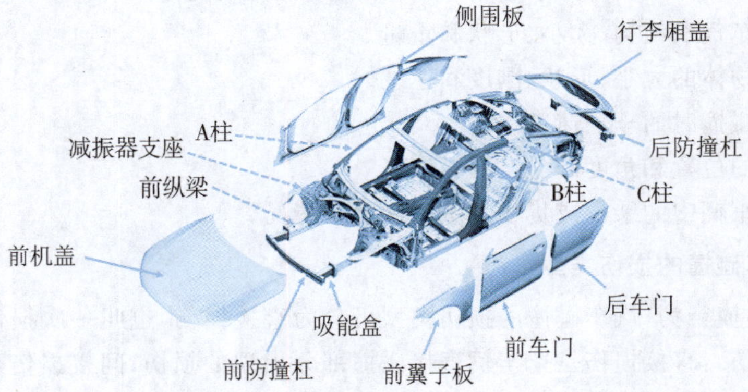

图4-1　车身的主要结构

(二)事故车的认定

从专业的角度来说,通常我们对车辆的检查标准可以更严格一些,如果检查过程中发现车辆存在以下情况,应提示消费者“谨慎选购”。事故车认定原因如表 4-3 所示。

表 4-3　事故车认定原因

序号	事故车认定原因
1	发生碰撞事故,损伤到发动机舱和驾驶舱梁、柱等车身结构件的车辆
2	车身后侧围板撞击损伤超过 1/3 的车辆
3	纵梁有任何焊接、切割、整形、变形的车辆
4	减震器座有焊接、切割、整形、变形的车辆
5	车身 A、B、C 柱有焊接、切割、整形、变形的车辆
6	因撞击而造成汽车安全气囊弹出和安全带更换的车辆
7	其他不可拆卸部件有严重的焊接、切割、整形、变形的车辆
8	车身经水浸泡超过车身 1/3 高度,或积水进入驾驶舱的车辆
9	车身经火焚烧超过 0.5 m^2,经修复仍存在安全隐患的车辆
10	发动机、变速箱存在大修的车辆

随着二手车行业的发展,行业中部分车商对于事故车的认定标准较国家标准更加严格,很多车商将符合上述特征的车辆归类为事故车,在车辆交易中严格进行限制。

《二手车流通管理办法》第十七条规定:二手车卖方应当向买方提供车辆的使用、修理、事故、检验以及是否办理抵押登记、交纳税费、报废期等真实情况和信息。

(三)车辆事故的类型

从对象来分,车辆事故可分为车辆间事故、车辆对行人的事故、车辆单独事故、车辆与固定物的碰撞事故等。在这些事故类型中,均有可能对车辆造成较大损伤,其中以车辆间事故最为常见:

发生事故时,以下几种因素对事故车的损坏程度影响较大:

(1)事故车辆的结构、大小、形状和重量。

(2)被撞物体的大小、形状、刚度和速度。

(3)发生碰撞时的车辆速度。

(4)碰撞的位置和角度。

(5)事故车辆中的乘员或货物的重量和分布情况。

(四)汽车碰撞的损伤类型

按汽车碰撞行为,汽车碰撞的损伤类型可分为直接损伤(也叫一次损伤)和间接损伤(也叫二次损伤):直接损伤是指车辆直接碰撞部分出现的损伤;间接损伤是指二次损伤,并离碰撞点有一段距离的损伤。

按汽车碰撞后导致的损伤现象的不同,汽车碰撞损伤可归纳为五大类,即侧弯、凹陷、折皱或压溃、菱形损伤、扭曲。

二、事故车的鉴别

(一)事故车鉴别的途径

1.实车检查

(1)检查车身重要结构件的变形情况,如图 4-2 所示。

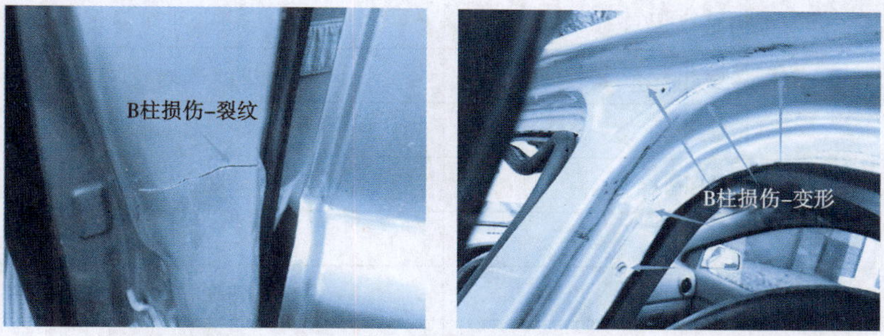

图 4-2　检查车身重要结构体的变形

(2)检查车身构件拆装更换的痕迹,如图 4-3 所示。

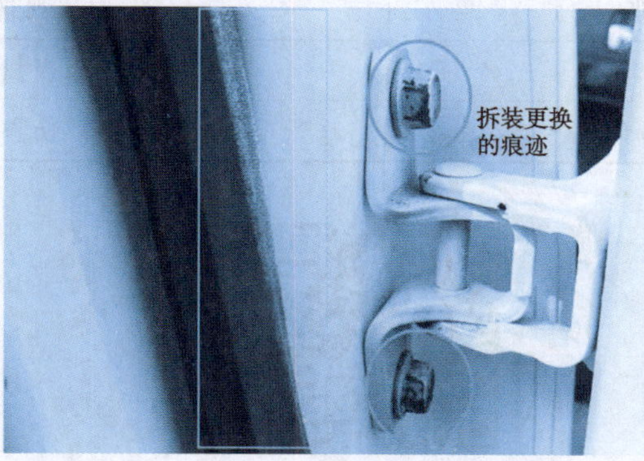

图 4-3　检查车身构件拆装更换的痕迹

(3)检查车身件切割和焊接的痕迹,如图 4-4 所示。

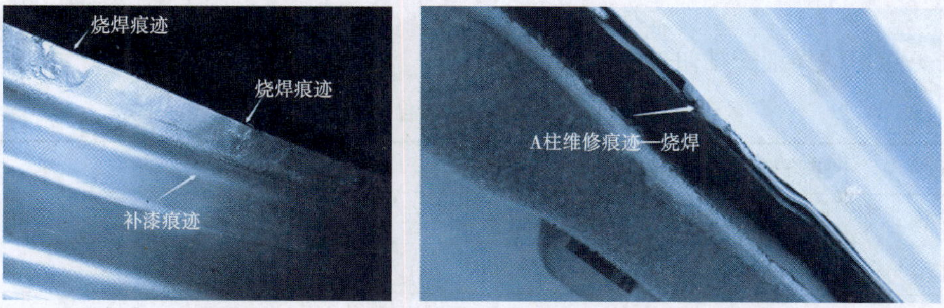

图 4-4　检查车身件切割和焊接的痕迹

2.查询车辆保险出险记录和车辆维修记录

(二)事故车鉴别的流程

事故车鉴别的流程为:检查车辆整体外观结构→检查车身板件平整度→检查板件间

缝隙→检查车身漆面状况→检查车身结构件变形情况→检查车身件维修和更换情况。

(三)事故车鉴别方法

事故车鉴别方法如表4-4所示。

表4-4　事故车鉴别方法

序号	检查内容	检查重点
1	车辆维修记录	事故车维修记录
2	车辆保险出险记录	事故次数、理赔情况
3	检查漆面	修补痕迹
4	检查板件	缝隙、平整度
5	检查螺栓	拆装痕迹
6	检查玻璃	更换痕迹、生产日期、品牌等
7	检查车身焊点	补焊、精修痕迹
8	检查安全气囊和安全带	更换和精修痕迹
9	检查封胶	对比观察
10	检查内饰	新旧程度,破损和拆卸痕迹
11	检查零部件	生产日期,损伤和更换痕迹

检查玻璃

【任务组织】

任务组织的详细安排如表4-5所示。

表4-5　任务组织的详细安排

组织形式	单班授课、分组教学
教学模式	“教、学、做”一体(角色扮演)
学生分组	4～6组,每组4～6人;建议设组长、发言人、记录员、信息员、操作员等
场地	理实一体化教室,网络环境良好,宽敞、整洁;现场灯光照明良好、通风良好
仪器设备	实训车辆
教学时间	不少于4学时

【任务实施】

活动　鉴别事故车

活动目标

1.能依据工作要求，结合实际情况，独立完成准备工作。

2.能按照规范的方法，对车辆进行检查操作，并准确记录检查过程和结果。

3.能根据检查中发现的问题和获得的相关信息，对车辆各部位存在的问题进行正确甄别和评价。

4.培养独立的工作习惯、严谨细致的工作作风和积极沟通的工作意识。

鉴别事故车

一、接受任务

根据公司工作安排，你需要在 20 min 内完成对指定车辆的检查，对检查过程及结果进行记录并分析，确认或排除事故车嫌疑。

二、制定计划

1.分组分工。

请根据工作任务安排，讨论并制定计划，完成小组成员任务分工，找到自己的角色。

□组长　□发言人　□记录员　□信息员　□其他________

2.收集信息。

____

____。

3.计划制定。

作业内容和实施步骤如下：

(1)作业内容：____

____。

(2)实施步骤：____

____。

三、计划实施

1.请完成评估车辆基本信息和标准配置。

评估车辆基本信息	品牌		车型	
	年款		出厂日期	
	表显里程		车辆识别代码	
	发动机号		首次登记日期	
标准配置				

续表

鉴别流程：检查车辆整体外观结构→检查车身板件平整度→检查板件间缝隙→检查车身漆面状况→检查车身结构件变形情况→检查车身件维修和更换情况
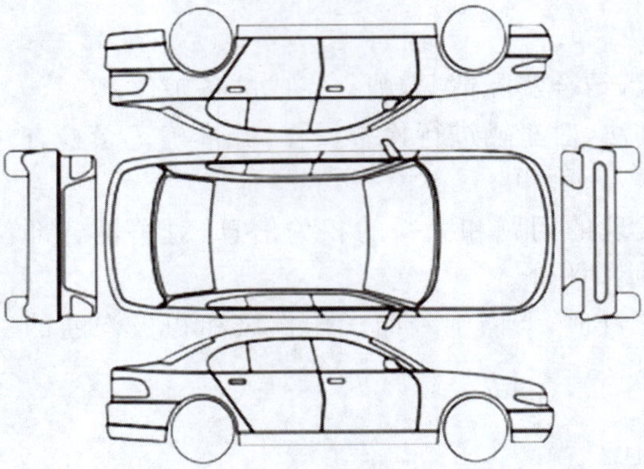
用以下符号在上图中进行标记：○为凹痕，～为划痕，×为锈蚀，#为石击

2.请完成车辆的检查，并记录信息。

序号	检查内容	是否正常	问题描述
1	检查车身重要结构件的变形情况	□是　□否	
2	车辆保险出险记录查询	□是　□否	
3	检查车身漆面	□是　□否	
4	检查车身板件	□是　□否	
5	检查车身缝隙	□是　□否	
6	检查螺栓	□是　□否	
7	检查玻璃	□是　□否	
8	检查焊点	□是　□否	
9	检查封胶	□是　□否	
10	检查变形	□是　□否	
11	检查安全气囊	□是　□否	
12	检查零部件	□是　□否	
13	检查漆面厚度	□是　□否	
14	其他	□是　□否	

3.启动车辆进行检查,对车辆进行路试检查。

序号	检查内容	是否正常	问题描述
1	检查车辆启动性能	□是 □否	
2	检查车辆动力性能	□是 □否	
3	检查车辆制动性能	□是 □否	
4	检查车辆操控性能	□是 □否	
5	检查车辆舒适性能	□是 □否	

4.综合研判。

序号	存在问题	数量(处)	问题描述
1			
2			
3			
4			
5			

经检查鉴定,该车辆________________,确定为(□事故车 □非事故车)

四、评价反馈

1.请根据自己在任务活动中的实际表现进行自我反思和自我评价。

自我反思	自我评价	存在的问题和解决方案
是否对事故车查验工作流程和基本方法有了充分了解	□是 □否	
是否愿意将自己的理解和建议与小组成员积极沟通和探讨	□是 □否	
小组成员是否都能积极主动地发表自己的意见和建议	□是 □否	
是否认真关注了其他成员的讨论和发言并非常愿意接受其他成员的建议	□是 □否	
是否通过该学习任务获得了经验	□是 □否	
是否可以引导自己所在的小组完成任务	□是 □否	
是否希望能继续和组内成员合作完成其他任务	□是 □否	
是否喜欢小组教学活动	□是 □否	

2.小组评价。

评价项目	评价	存在的问题和解决方案
参与度	☆☆☆☆☆	
完成度	☆☆☆☆☆	
贡献度	☆☆☆☆☆	
发言量	☆☆☆☆☆	
沟通交流	☆☆☆☆☆	
异议处理	☆☆☆☆☆	

3.评价标准。

项目	评分标准	分值	得分
接受任务	明确工作任务，理解任务在企业工作中的重要程度	5	
信息收集	完整准确地收集信息	5	
制定计划	按照工作规范及要求，制定合适的行动计划	5	
	能协同小组人员安排任务分工	5	
	能在实施前准备好需要的工具器材	5	
计划实施	规范地进行场地布置及工具检查	5	
	检查车辆整体外观结构	5	
	检查车身板件平整度	5	
	检查车身板件缝隙	5	
	检查车身漆面	5	
	检查车身结构件变形情况	10	
	检查车身件维修和更换情况	10	
	车辆启动后检查	5	
	进行路试检查	5	
质量检查	任务完成，操作过程规范，操作结束后能对现场进行整理	10	
评价反馈	能对自身表现情况进行客观评价	5	
	能在任务实施过程中发现自身存在的问题	5	
得分(满分 100)			

任务二　鉴别泡水车

【任务描述】

根据公司工作安排，你作为二手车评估师助理，需要在 20 min 内完成对指定车辆的检查，鉴定车辆是否为泡水车。请你按照规范的流程和方法，对车辆技术状况进行检查和鉴定，对检查过程中发现的问题如实记录并形成结论性评价。

【任务目标】

素质目标

1.培养严谨细致、认真负责的工作态度，提高对泡水车鉴别的职业敏感度。

2.培养独立思考、深入探究的工作习惯。

知识目标

1.掌握泡水车的常见特征。

2.掌握检查鉴别泡水车的基本流程和方法。

能力目标

能使用各种技术手段，按照规范的流程对车辆进行全面和细致的检查，识别泡水车。

【知识准备】

一、泡水车的定义

泡水车通常是指长时间泡水，虽经修复并在使用，但仍然存在安全隐患的车辆的总称（见图 4-5 和图 4-6）。

图 4-5　车辆泡水事故

图 4-6 泡水车辆

各种情况下的泡水车无论修复得再完美，只要细心查验，总能发现泡水的痕迹和遗留问题。

影响车辆泡水损伤程度的因素有以下两种：

1.泡水高度（以车辆实际泡水位置为参照）

泡水高度的分级如下（见图 4-7）：

（1）1 级，制动盘片或制动鼓下沿以上至车身门槛底板以下，驾驶舱未进水。

（2）2 级，车身底板以上，驾驶舱进水至座椅坐垫以下。

（3）3 级，驾驶舱进水至仪表台以下。

（4）4 级，驾驶舱进水至仪表台中部。

（5）5 级，驾驶舱进水至车顶内饰。

（6）6 级，水面超过车顶。

图 4-7 车辆泡水等级

2.进水时的车辆状态

（1）车辆静态进水。车辆处于停放（熄火）状态泡水时，通常会造成内饰、电器、发动机、变速器等部件受损，导致电路短路、金属部件腐蚀生锈、内饰泡水污损等问题。

（2）车辆动态进水。车辆处于动态泡水时，发动机可因过水而熄火；发动机过水熄火后再次启动可造成发动机损坏。

二、泡水车的受损程度及危害

车辆经泡水后会加速金属部件腐蚀，车身强度下降；全车线束及电子设备腐蚀，突发性故障增多。若车辆行驶中出现突然熄火，方向助力消失，制动失灵，发生碰撞时气囊不能正常打开等情况，很可能会酿成安全事故，所以存在重大安全隐患。泡水车的受损程度及危害如下：

(1)轻微受损：车门槛以下，底盘浸水，制动盘、制动鼓、刹车片生锈，电子转向机器受损。

(2)轻度受损：淹没座椅坐垫(见图4-8)，部分接线盒受损，安装位置低的电器部件受损，车门内饰、车窗电机、坐垫、座椅电机、空调冷暖切换电机、压缩机、启动机、变速器等部件受损，同时包括1～2级受损部件。

图4-8　车辆轻度受损

(3)中度受损：淹没仪表台，发动机、变速器进水，车辆内部大部分电器部件、内饰受损，同时包括1～4级受损部件。

(4)重度受损：淹没车辆顶部，浸泡时间较长，导致发动机、变速器、所有电器部件受损，内饰开胶变形，金属板材锈蚀，同时包括1～6级受损部件。车辆系统和电器受损情况如表4-6所示。

表4-6　车辆系统和电器受损情况

受损系统	易损件
动力系统	发动机、变速器
电器系统	仪表台、显示屏、控制单元(电脑模块)、音响、保险丝继电器盒、接线盒、线束极桩、插接头
内饰	座椅、内饰板、地板
底盘	万向节接头

三、水淹车的鉴别

（一）泡水车常见特征

（1）有较多的锈蚀和霉斑痕迹。

（2）灯内多处水雾。

（3）旧车内的地毯太新。

（4）有较重的霉味或大量空气清新剂的气味。

（5）各处有较多的污垢。

（6）底盘零件有较多的锈斑。

（二）泡水车的鉴别方法

泡水车的鉴别方法如表4-7所示。

表4-7　泡水车的鉴别方法

鉴别项目	特点	范围或程度
气味	霉味、空气清新剂味	较重
泥沙、污物	线束、继电器盒、密封条内，车体内腔、沟槽内	普遍存在
锈蚀	车身金属件、线束插头、线路板	较多
触感（质感）	皮革、海绵、地毯、纺织品等内饰物	普遍较差
霉斑	安全带、地毯、座椅、内饰板	较多
使用功能	按键、开关、屏幕	故障多

四、泡水车鉴别实例

（一）驾驶舱内部检查

驾驶舱内的座椅、内饰板、底板脚垫、线束、装饰物等若遇泡水，通常会留有泡水痕迹和污垢等；皮制品泡水后易发霉、老化；车内用电设备、液晶屏、仪表台等会不同程度地出现故障；车内的插头和线束通常不设防水功能，所以泡水后通常都会造成不同程度的腐蚀；空调泡水后会出现故障或异味，送风管道内出现泥沙等污物。检查驾驶舱内部泡水痕迹如图4-9所示。

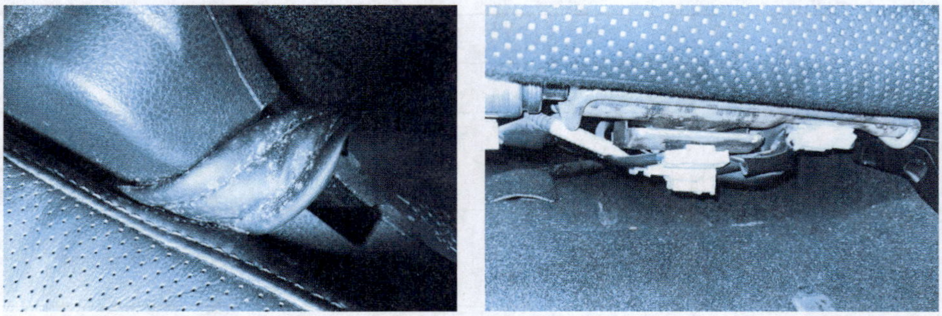

图4-9　检查驾驶舱内部泡水痕迹

(二)发动机舱检查(发动机检查、电器系统检查、前照灯检查)

发动机舱内的进气压力传感器、喷油器等通常都有防水设计,但接线盒(保险丝继电器盒)、启动机、发电机等通常不防水,所以是检查泡水车的重点;泡水后,车辆散热器、线束、保险盒、用电设备容易存在污垢及出现腐蚀;车辆发动机舱防火墙、空滤器等处都会出现泡水痕迹和污垢积存。检查发动机舱泡水痕迹如图 4-10 所示。

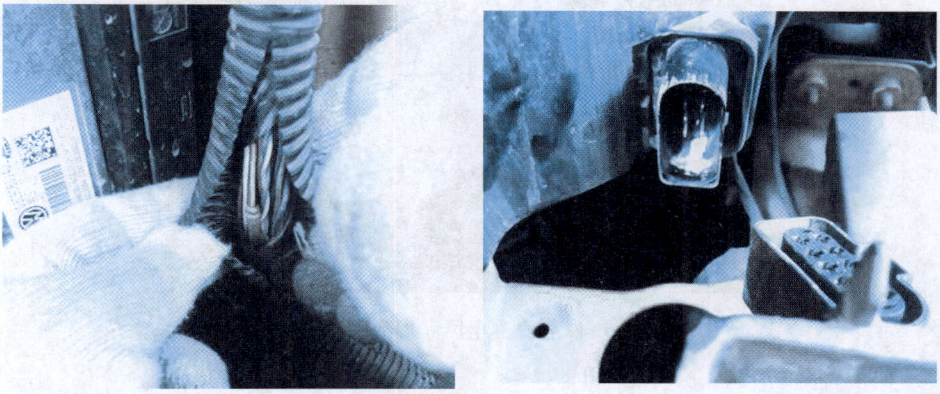

图 4-10 检查发动机舱泡水痕迹

(三)检查车辆外观、行李舱和车灯等

车辆车身板件等外观件在车辆被淹后通常损伤较小,但部分涂装质量不高的车身板件会出现腐蚀,漆面会出现失光等问题;车辆前照灯、雾灯、转向灯等灯具内会存在污垢或积水等;车辆玻璃缝隙会积存污垢,内饰板会出现发霉等问题。检查车辆外部泡水痕迹如图 4-11 所示。

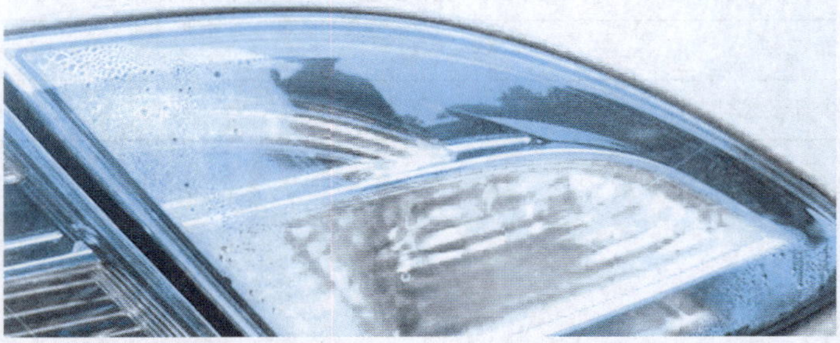

图 4-11 检查车辆外部泡水痕迹

(四)底盘检查

车辆底盘的部分铝件在水淹后会出现电化学腐蚀现象,防尘套破损部位会积存污垢,车辆排气管在泡水后通常会出现较严重的锈蚀。检查车辆底盘泡水痕迹如图 4-12 所示。

检查车辆底盘

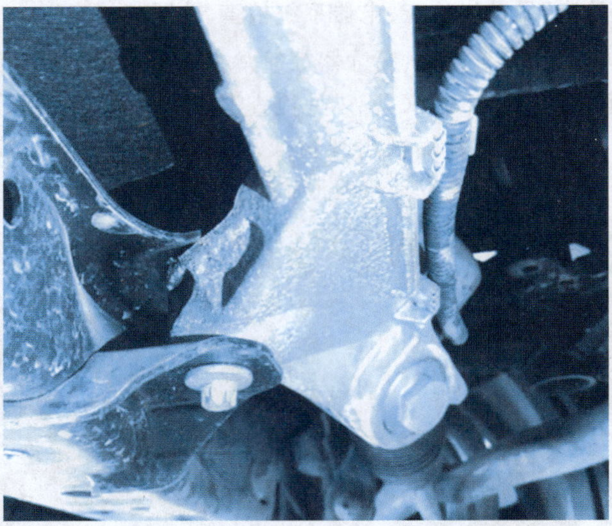

图 4-12 检查车辆底盘泡水痕迹

【任务组织】

任务组织的详细安排如表 4-8 所示。

表 4-8 任务组织的详细安排

组织形式	单班授课、分组教学
教学模式	“教、学、做”一体(角色扮演)
学生分组	4～6 组,每组 4～6 人;建议设组长、发言人、记录员、信息员、操作员等
场地	理实一体化教室,网络环境良好,宽敞、整洁;现场灯光照明良好、通风良好
仪器设备	实训车辆
教学时间	不少于 2 学时

【任务实施】

活动 鉴别泡水车

活动目标

鉴别泡水车

(1)能依据工作要求,结合实际情况,独立完成工作。

(2)能按照规范的方法,对车辆的各部位和相关系统进行检查操作,并准确记录检查过程和结果。

(3)能根据检查中发现的问题和获得的相关信息,对车辆各部件和相关系统的各项技术状况进行正确评价。

(4)培养独立的工作习惯、严谨细致的工作作风和积极沟通的工作意识。

一、接受任务

根据公司工作安排，你需要在 20 min 内完成对指定车辆的检查，确定是否为泡水车，请对检查过程中发现的问题认真记录并分析，对检查结果进行评定。

二、制定计划

1.分组分工。

请根据工作任务安排，讨论并制定计划，完成小组成员任务分工，找到自己的角色。

□组长 □发言人 □记录员 □信息员 □其他________

2.收集信息。

____

____。

3.计划制定。

作业内容和实施步骤如下：

(1)作业内容：________________________________

____。

(2)实施步骤：________________________________

____。

三、计划实施

1.请完成评估车辆基本信息和标准配置。

评估车辆基本信息	品牌		车型	
	年款		出厂日期	
	表显里程		车辆识别代码	
	发动机号		首次登记日期	
标准配置				

鉴别流程：检查车辆整体外观结构→检查车身板件平整度→检查板件间缝隙→检查车身漆面状况→检查车身结构件变形情况→检查车身件维修和更换情况

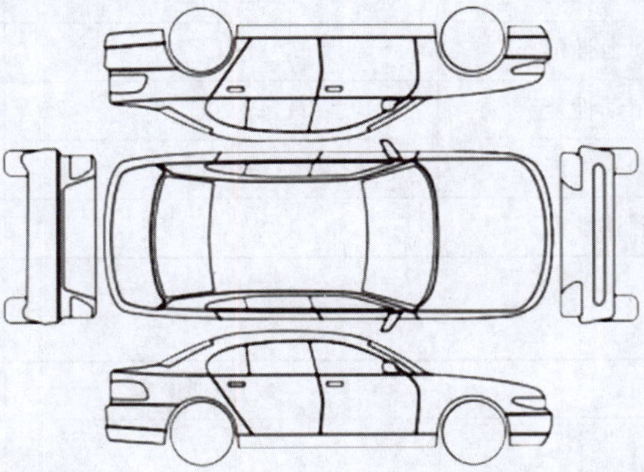

用以下符号在上图中进行标记：○为凹痕，～为划痕，×为锈蚀，# 为石击

2.请完成车辆的检查,并记录信息。

序号	检查内容	是否正常	问题描述
1	座椅	□是 □否	
2	线束	□是 □否	
3	安全带	□是 □否	
4	座椅(滑轨)	□是 □否	
5	保险盒和控制模块	□是 □否	
6	内饰板	□是 □否	
7	音响	□是 □否	
8	底板	□是 □否	
9	仪表、显示屏	□是 □否	
10	隔音棉	□是 □否	
11	灯具	□是 □否	
12	底盘	□是 □否	
13	发动机	□是 □否	
14	空调	□是 □否	
15	地毯	□是 □否	
16	点烟器	□是 □否	
17	变速器	□是 □否	
18	车内气味	□是 □否	

3.启动车辆进行检查,对车辆进行路试检查。

序号	检查内容	是否正常	问题描述
1	检查车辆启动性能	□是 □否	
2	检查车辆动力性能	□是 □否	
3	检查车辆制动性能	□是 □否	
4	检查车辆操控性能	□是 □否	
5	检查车辆舒适性能	□是 □否	

4.综合研判。

序号	存在问题	数量(处)	问题描述
1	污渍		
2	锈蚀		

续表

序号	存在问题	数量(处)	问题描述
3	泥水		
4	更换痕迹		
5	清理痕迹		
6	霉斑		
7	故障		

经检查鉴定,该车辆____________________,确定为(□泡水车　□非泡水车)

四、评价反馈

1.请根据自己在任务活动中的实际表现进行自我反思和自我评价。

自我反思	自我评价	存在的问题和解决方案
是否对泡水车查验工作流程和基本方法有了充分了解	□是　□否	
是否愿意将自己的理解和建议与小组成员积极沟通和探讨	□是　□否	
小组成员是否都能积极主动地发表自己的意见和建议	□是　□否	
是否认真关注了其他成员的讨论和发言并非常愿意接受其他成员的建议	□是　□否	
是否通过该学习任务获得了经验	□是　□否	
是否可以引导自己所在的小组完成任务	□是　□否	
是否希望能继续和组内成员合作完成其他任务	□是　□否	
是否喜欢小组教学活动	□是　□否	

2.小组评价。

评价项目	评价	存在的问题和解决方案
参与度	☆☆☆☆☆	
完成度	☆☆☆☆☆	
贡献度	☆☆☆☆☆	

续表

评价项目	评价	存在的问题和解决方案
发言量	☆☆☆☆☆	
沟通交流	☆☆☆☆☆	
异议处理	☆☆☆☆☆	

3.评价标准。

项目	评分标准	分值	得分
接受任务	明确工作任务，理解任务在企业工作中的重要程度	5	
信息收集	完整准确地收集信息	5	
制定计划	按照工作规范及要求，制定合适的行动计划	5	
	能协同小组人员安排任务分工	5	
	能在实施前准备好需要的工具器材	5	
计划实施	规范地进行场地布置及工具检查	5	
	检查汽车车身相关部件	10	
	检查车辆发动机舱	10	
	检查车辆驾驶舱	10	
	检查车辆行李舱	5	
	检查车辆底盘	10	
	启动车辆进行检查	5	
	进行路试检查	5	
质量检查	任务完成，操作过程规范，操作结束后能对现场进行整理	5	
评价反馈	能对自身表现情况进行客观评价	5	
	能在任务实施过程中发现自身存在的问题	5	
得分(满分100)			

任务三　鉴别调表车

【任务描述】

根据公司工作安排，你作为二手车评估师助理，需要在20 min内完成对指定车辆的检查，鉴定车辆是否为调表车。请你按照规范的流程和方法，对车辆技术状况进行检查和鉴定，对检查过程中发现的问题如实记录并形成结论性评价。

【任务目标】

素质目标

1.培养严谨细致、认真负责的工作态度，提高对调表车的职业敏感度。

2.培养独立思考、深入探究的工作习惯。

知识目标

1.掌握调表车的常见特征。

2.掌握检查鉴别调表车的基本流程和方法。

能力目标

能使用各种技术手段，按照规范的流程对车辆进行全面和细致的检查，识别调表车辆。

【知识准备】

一、调表车的定义和产生的原因

所谓“调表车”，是指汽车的表显里程数通过技术手段人为地被调低的二手车。车辆调表这一现象导致很多消费者难以鉴别车辆的真实里程数。实际上，只要了解车辆使用和损耗的规律，我们仍然可以从车辆在许多方面呈现出来的特点中发现车辆里程修改的痕迹。车辆表显里程如图 4-13 所示。

图 4-13　车辆表显里程

鉴别调表车

无论是为了将车辆卖到更高的价格而调表的行为，还是在车辆交易时未明确告知车辆有过调改里程的情况，都构成欺诈行为，也都涉嫌触犯法律。

二、识别调表车的主要方法

(一)查询维修保养记录

车辆表显里程与保养记录比对(见图 4-14)存在明显异常的，可以确定为有调表车的嫌疑，需综合其他信息进一步研判车辆的实际行驶里程。

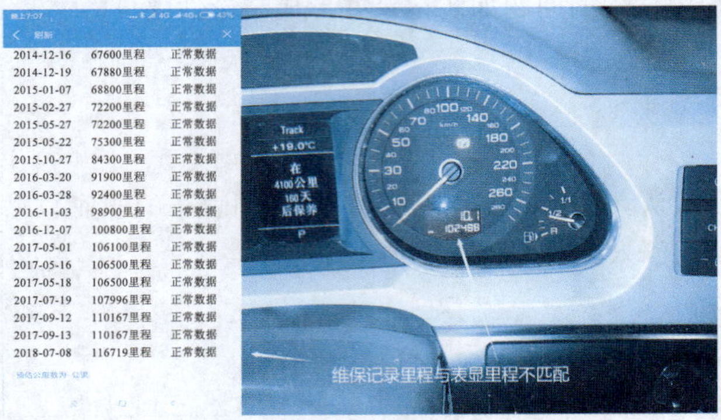

图 4-14　对比维修保养记录与车辆表显里程

(二)查看车辆变速器使用记录

车辆里程表显示的公里数与 OBD 里程读数(变速箱)比对存在异常的(差异大于5000 公里)有调表车的嫌疑。查看车辆变速器使用记录如图 4-15 所示。

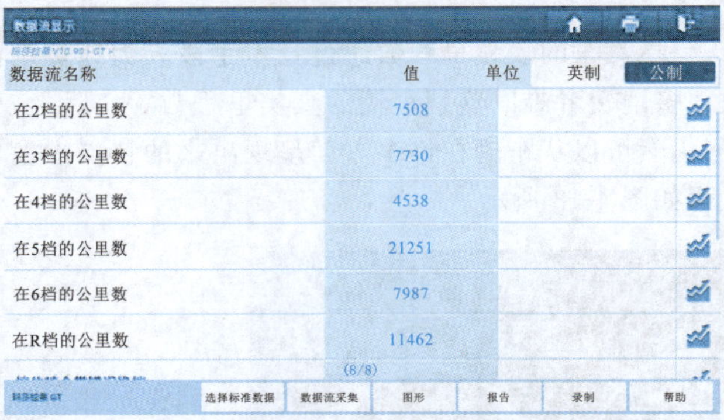

图 4-15　查看车辆变速器使用记录

(三)检查 OBD 接口

车辆 OBD 接口除非维修保养时使用,一般多数时间不会被接触,所以会有灰尘沉积。若发现 OBD 接口有松动或有近期使用的痕迹,可以进一步检查其他方面是否存在问题。检查 OBD 接口如图 4-16 所示。

图 4-16　检查 OBD 接口

(四)检查内饰老化和磨损程度

通常汽车的使用时间越久、行驶里程越长,内饰的老化和磨损程度就越严重。所以在辨别调表车的时候,可以重点检查一下内饰件的磨损和老化程度,如果遇到内饰明显被翻新过的情况,则需要特别注意。检查内饰老化和磨损程度如图 4-17 所示。

图 4-17　检查内饰老化和磨损程度

(五)检查轮胎使用和更换情况

车辆行驶里程越多,轮胎磨损越严重,行驶里程不同的轮胎状态区别很大。如果表显里程与轮胎磨损情况(见图 4-21)明显不相符,那就有可能调过表或者车辆激烈驾驶情况较多。检查轮胎使用和更换情况如图 4-18 所示。

图 4-18　检查轮胎使用和更换情况

检查轮胎

(六)检查制动盘/片的磨损等使用情况

车辆制动盘/片的磨损与车辆行驶里程和驾驶员的用车习惯有较大关系,可以通过检查制动盘/片厚度来判断车辆使用强度以及是否有过更换,同时检查制动盘磨损沟槽的程度与摩擦片磨损厚度的匹配情况来判断车辆行驶里程。检查制动盘/片的磨损等使用情况如图 4-19 所示。

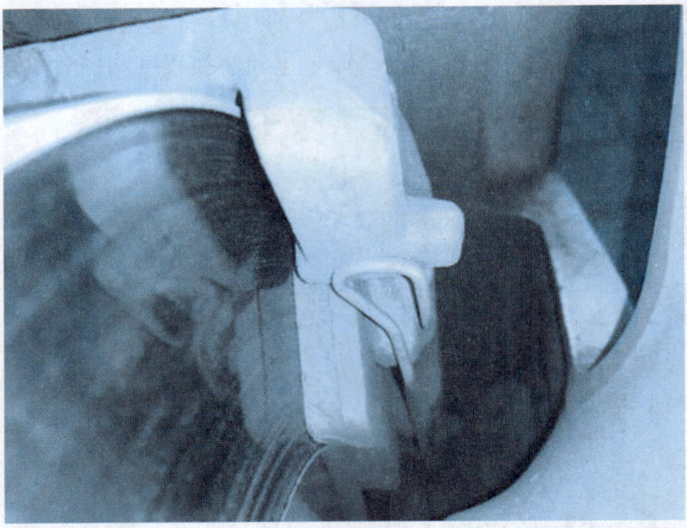

图 4-19 检查制动盘/片的磨损等使用情况

(七)检查座椅和安全带的磨损和使用情况

检查座椅和安全带的磨损和使用情况如图 4-20 所示。

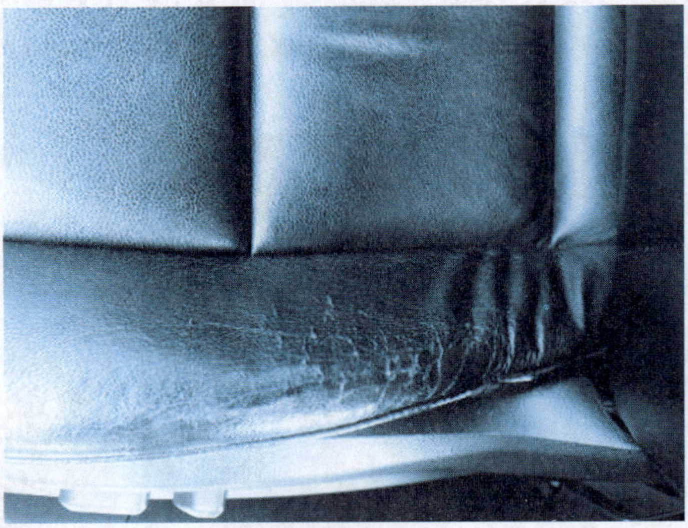

图 4-20 检查座椅和安全带的磨损和使用情况

(八)查看常用的开关和按键磨损情况

查看车辆常用按键部位的使用和磨损状况(特别是驾驶员侧),检查开关和按键磨损情况如图 4-21 所示。

图 4-21　检查开关和按键磨损情况

(九)查看驾驶操控装置的使用和磨损情况

(1)检查方向盘的使用和磨损情况如图 4-22 所示。

图 4-22　检查方向盘的使用和磨损情况

(2)检查变速杆的使用和磨损情况如图 4-23 所示。

图 4-23　检查变速杆的使用和磨损情况

(3)检查脚踏板的使用和磨损情况如图 4-24 所示。

图 4-24　检查脚踏板的使用和磨损情况

(十)蓄电池检查

汽车蓄电池的使用寿命通常与车辆使用频率、行驶里程有较大关系,通常行驶里程较多的车辆,其蓄电池电量充足,因此寿命较长;而很多私家车使用频次少、行驶里程短,其蓄电池经常处于亏电状态,因此寿命通常会缩短。检查蓄电池使用情况如图 4-25 所示。

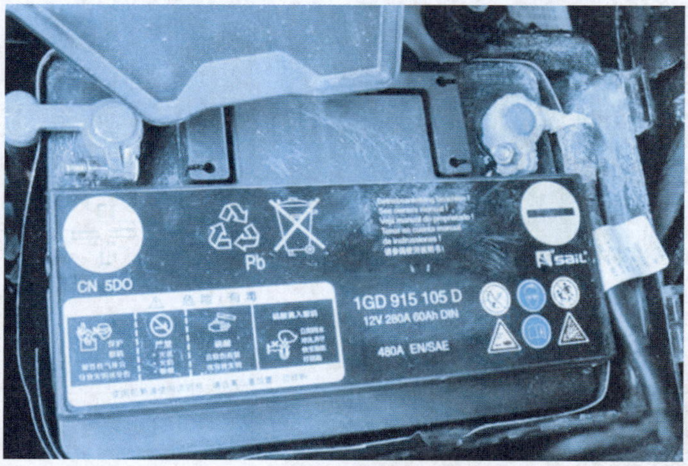

图 4-25　检查蓄电池使用情况

检查蓄电池

(十一)发动机启动检查和路试检查

启动发动机检查发动机工况时,正常的发动机转速提升的声音是非常线性的,若发动机磨损较严重,在转速提高后声音会明显变大,有时会伴有杂音。

车辆启动检查

汽车的行驶里程过长,发动机的密封性就会变差。所以路试的时候,可以通过加速、爬坡等方式检查,需要特别注意是否存在功率下降、加速不畅、动力性能变差的情况;车辆停驶后检查是否有漏油、漏液、烧机油、冒黑烟等现象。

目前，诚信经营、管理规范的二手车商家越来越多，他们非常看重自己的商业信誉。随着对二手车市场监管力度的增大，车商为谋取不当利益而出售调表车的行为也在减少，二手车市场行为将越来越规范，服务也越来越有保障。

【任务组织】

任务组织的详细安排如表 4-9 所示。

表 4-9　任务组织的详细安排

组织形式	单班授课、分组教学
教学模式	“教、学、做”一体(角色扮演)
学生分组	4～6 组，每组 4～6 人；建议设组长、发言人、记录员、信息员、操作员等
场地	理实一体化教室，网络环境良好，宽敞、整洁；现场灯光照明良好、通风良好
仪器设备	实训车辆
教学时间	不少于 4 学时

【任务实施】

活动　检查调表车

活动目标

(1)能依据工作要求，结合实际情况，独立完成工作。

(2)能按照规范的方法，对车辆各部位进行检查，并准确记录检查过程和结果。

(3)能根据检查中发现的问题和获得的相关信息，对各部件和相关系统的各项技术状况进行正确评价。

(4)培养独立的工作习惯、严谨细致的工作作风和积极沟通的工作意识。

一、接受任务

为确定或排除调表车的嫌疑，根据公司工作安排，你需要在 20 min 内完成对指定车辆的检查，对检查过程中发现的问题进行记录，对检查结果进行分析后做出判断。

二、制定计划

1.分组分工。

请根据工作任务安排，讨论并制定计划，完成小组成员任务分工，找到自己的角色。

□组长　　□发言人　　□记录员　　□信息员　　□其他________

2.收集信息。

____

____。

3.计划制定。

作业内容和实施步骤如下：

(1)作业内容：____。

(2)实施步骤：____。

三、计划实施

1.请完成评估车辆基本信息和标准配置。

评估车辆基本信息	品牌		车型	
	年款		出厂日期	
	表显里程		车辆识别代码	
	发动机号		首次登记日期	
标准配置				

鉴别流程：检查车辆整体外观结构→检查车身板件平整度→检查板件间缝隙→检查车身漆面状况→检查车身结构件变形情况→检查车身件维修和更换情况

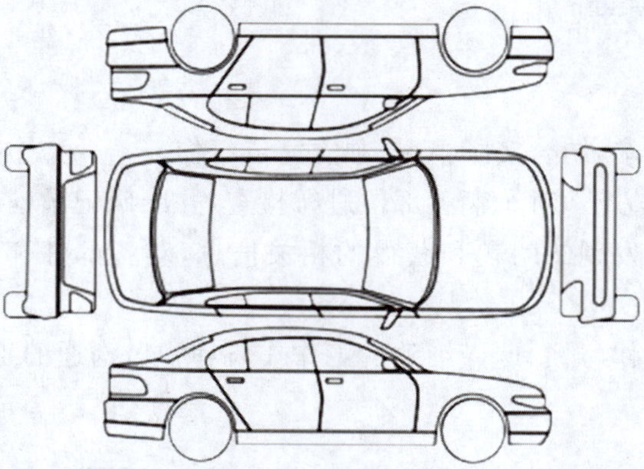

用以下符号在上图中进行标记：○为凹痕，～为划痕，×为锈蚀，#为石击

2.请完成车辆的检查，并记录信息。

序号	检查内容	是否正常	问题描述
1	查询维修保养记录	□是　□否	
2	查看车辆变速器使用记录	□是　□否	
3	检查 OBD 接口	□是　□否	
4	检查内饰老化和磨损程度	□是　□否	
5	检查轮胎使用和更换情况	□是　□否	

续表

序号	检查内容	是否正常	问题描述
6	检查制动盘/片的磨损和使用情况	□是 □否	
7	检查座椅和安全带磨损和使用情况	□是 □否	
8	查看驾驶操控装置磨损和使用情况	□是 □否	
9	检查蓄电池	□是 □否	
10	发动机启动检查和路试检查	□是 □否	

3.启动车辆进行检查,对车辆进行路试检查。

序号	检查内容	是否正常	问题描述
1	检查车辆启动性能	□是 □否	
2	检查车辆动力性能	□是 □否	
3	检查车辆制动性能	□是 □否	
4	检查车辆操控性能	□是 □否	
5	检查车辆舒适性能	□是 □否	

4.综合研判。

序号	存在问题	数量(处)	问题描述
1			
2			
3			
4			
5			
6			

经检查鉴定,该车辆________________________,确定为(□调表车 □非调表车)

四、评价反馈

1.请根据自己在任务活动中的实际表现进行自我反思和自我评价。

自我反思	自我评价	存在的问题和解决方案
是否对调表车查验工作的流程和基本方法有了充分了解	□是 □否	

续表

自我反思	自我评价	存在的问题和解决方案
是否愿意将自己的理解和建议与小组成员积极沟通和探讨	□是　□否	
小组成员是否都能积极主动地发表自己的意见和建议	□是　□否	
是否认真关注了其他成员的讨论和发言并非常愿意接受其他成员的建议	□是　□否	
是否通过该学习任务获得了经验	□是　□否	
是否可以引导自己所在的小组完成任务	□是　□否	
是否希望能继续和组内成员合作完成其他任务	□是　□否	
是否喜欢小组教学活动	□是　□否	

2.小组评价。

评价项目	评价	存在的问题和解决方案
参与度	☆☆☆☆☆	
完成度	☆☆☆☆☆	
贡献度	☆☆☆☆☆	
发言量	☆☆☆☆☆	
沟通交流	☆☆☆☆☆	
异议处理	☆☆☆☆☆	

3.评价标准。

项目	评分标准	分值	得分
接受任务	明确工作任务，理解任务在企业工作中的重要程度	5	
信息收集	完整准确地收集信息	5	
制定计划	按照工作规范及要求，制定合适的行动计划	5	
	能协同小组人员安排任务分工	5	
	能在实施前准备好需要的工具器材	5	

续表

项目	评分标准	分值	得分
计划实施	规范地进行场地布置及工具检查	5	
	检查车辆相关维修保养记录	10	
	检查驾驶舱相关部件	10	
	检查发动机舱和行李舱相关部件	10	
	检查车辆底盘相关部件	10	
	车辆启动检查	5	
	车辆路试检查	5	
质量检查	任务完成，操作过程规范，操作结束后能对现场进行整理	10	
评价反馈	能对自身表现情况进行客观评价	5	
	能在任务实施过程中发现自身存在的问题	5	
得分（满分100）			

项目五
评估二手车价格

通过静态检查和动态检查，车辆的技术状况得到鉴定后，即可选用合适的价格评估方法对二手车价格进行估算。合理的二手车估价可以促使二手车交易快速达成，提高流转率。因此，快速而较准确地估算二手车价格，是二手车鉴定评估人员一项重要的职业能力，需要对市场价格长期关注和拥有较丰富的经验积累才能获得。

【知识架构】

- 评估二手车价格
  - 使用现行市价法评估二手车价格
    - 一、现行市价法的应用前提
    - 二、现行市价法评估的步骤
    - 三、现行市价法的计算方法
    - 四、现行市价法的优缺点
    - 五、二手车价格衍生算法
  - 使用重置成本法评估二手车价格
    - 一、重置成本法的应用前提
    - 二、重置成本法的计算公式
    - 三、成新率
    - 四、综合调整系数
    - 五、重置成本法
    - 六、重置成本法与现行市价法的区别和联系

任务一　使用现行市价法评估二手车价格

【任务描述】

根据公司工作安排，你作为二手车鉴定评估师助理，需要结合车辆技术鉴定情况，使用现行市价法在 40 min 内完成对指定车辆的价格评估，并将计算过程和结果向评估师汇报。

【任务目标】

素质目标

1.培养认真负责的工作态度。

2.培养独立的工作习惯和积极沟通的意识。

知识目标

掌握使用现行市价法评估二手车价格的过程和方法。

能力目标

能运用现行市价法进行二手车价格评估。

【知识准备】

现行市价法是根据车辆技术状况，按照市场现行价格计算出被评估车辆价值的方法。现行市价法是最直接、最简单的一种评估方法，这种方法的基本思路是：通过市场调查，选择一个或几个与评估车辆相同或类似的车辆作为参照物，分析参照物的构造、功能、性能、新旧程度、地区差别、交易条件及成交价格等，并与评估车辆对照比较，找出两者的差异及这些差异在价格上的反映，经过调整，计算出二手车辆的价格。

一、现行市价法的应用前提

（1）需要有一个充分发展、活跃的二手车交易市场，有充分的参照物可以获取。在这个市场上有众多的交易者，交易充分平等，市场成交的二手车价格可以准确反映市场行情。

（2）参照物及其与被评估车辆可比较的指标、技术参数等资料是可收集到的，并且价值影响因素明确，可以量化。运用现行市价法，必须找到与被评估车辆相同或相类似的参照物，并且参照物是近期的、可比的。所谓“近期”，是指参照物交易时间与车辆评估基准日时间相近，一般在一个季度之内；所谓“可比”，是指车辆在规格、型号、功能、性能、内部结构、新旧程度及交易条件等方面基本相同。选择参照物的数量一般要在3个以上。运用现行市价法进行二手车价格评估，二手车的价位高低在很大程度上取决于参照物的成交价格水平。参照物成交价不仅仅是参照物功能自身市场价值的体现，还要受买卖双方交易地位、交易动机、交易时限等因素影响。

二、现行市价法评估的步骤

（1）收集资料。收集评估对象的资料，包括车辆的类别名称、型号和性能、生产厂家及出厂年月，了解车辆目前使用情况、实际技术状况以及尚可使用的年限等。

（2）选定二手车交易市场上可进行类比的对象。所选定的类比车辆必须具有可比性。

（3）分析和类比。综合上述可比性因素，对待评估的车辆与选定的类比对象进行认真的分析和类比。

（4）计算评估值。分析、调整差异，并得出结论。

三、现行市价法的计算方法

（一）两类主要方法

运用现行市价法确定单台车辆价值通常采用直接法和类比法两种主要方法。

1.直接法

直接法是指在市场上能找到与被评估车辆完全相同的车辆的现行市价，并依其价格直接作为被评估车辆评估价格的一种方法。完全相同是指车辆型号、使用条件和技术状况基本相同，生产和交易时间相近，寻找这样的参照物一般比较困难。通常，如果参照车辆与被评估车辆类别相同、主参数相同、结构性能相同，只是生产序号不同，并只进行了局部改动，交易时间也相近，便可作为直接法的参照物。

2.类比法

类比法是指评估车辆时，在公开市场上找不到与之完全相同的车辆，但能找到与之相类似的车辆，以此为参照物，通过对比分析车辆的技术状况和交易条件的差异，在参照物成交价格的基础上做出相应调整，进而确定被评估车辆价格的一种方法。所选参照物与评估基准日越近越好，如果无近期的参照物，也可以选择相对远期的参照物，再做日期修正。

(二)具体方法

在具体的二手车价格评估中，运用市价法进行评估的具体方法有以下几种：

1.市场售价类比法

市场售价类比法是以参照物的市场成交价格为基础，考虑参照物与评估对象在功能市场条件和销售时间等方面影响的方法，其计算公式为：

评估值＝参照物成交价＋功能差异值＋市场差异值＋交易差异值＋……

或：

评估值＝参照物成交价×功能差异值系数×市场差异值系数×交易差异值系数×……

2.功能价值法

功能价值法是以参照物的成交价格为基础，考虑参照物与评估对象之间的功能差异来估算被评估二手车价格的方法，其计算公式为：

评估值＝参照物成交价×功能价值系数

3.价格指数法

价格指数法是以参照物成交价格为基础，考虑参照物成交时间与评估对象的评估基准日之间的间隔对评估对象的价格影响，利用价格指数调整估算二手车价值的方法，其计算公式为：

评估值＝参照物成交价×(1＋物价变动指数)

4.成新率价格法

成新率价格法是以参照物的成交价格为基础，考虑参照物与评估对象在新旧程度上的差异，通过成新率调整估算出被评估对象价格的方法，其计算公式为：

评估值＝参照物成交价×(评估对象成新率/参照物成新率)

5.市价折扣法

市价折扣法是以参照物成交价格为基础，考虑评估对象在销售条件、销售时限等方面的不利因素，评估人员凭借自身工作经验或有关规定，设定一个价格折扣率来估算评估对象价格的方法，其计算公式为：

评估值＝参照物成交价×(1－折扣率)

四、现行市价法的优缺点

现行市价法的优缺点如表 5-1 所示。

表 5-1 现行市价法的优缺点

优点	缺点
①能够客观反映二手车辆目前的市场情况，其评估的参数、指标直接从市场获得，评估值能反映市场现实价格 ②评估结果易于被各方面理解和接受	①需要公开及活跃的市场作为基础。若当地二手车市场发育不完全、不完善，则寻找参照物比较困难 ②可比因素多且复杂，即使是同一个生产厂家生产的同一型号的产品，同一天登记，由不同的车主使用，其使用强度、使用条件、维护水平等多种因素不同，其实体损耗和新旧程度也都各不相同

五、现行市价法计算的案例

(一)用直接法评估的案例

案例：小明有一辆轿车，现在需要对该车辆做评估，二手车市场上获得的市场参照物的品牌型号、购置年月、行驶里程、整车的技术状况基本相同，区别在于：

(1)参照物的左后翼子板有几处划痕需抛光，费用约 150 元。

(2)被评估轿车改装了一套倒车影像系统，价值为 2000 元。

(3)参照物的前左转向组合灯损坏需更换，费用约 120 元。

参照物的市场交易价为 225000 元，试计算被评估轿车的价值。

解析：被评估轿车的价值为 225000＋120＋2000＋150＝227270(元)。

答：被评估轿车的价值为 227270 元。

(二)用类比法评估的案例

案例：小李有一辆别克英朗家用轿车，准备到二手车市场上销售，车辆及参照物的技术经济参数见表 5-2，请运用现行市价法中的类比法对该车进行评估。被评估车辆和参照物对比如表 5-2 所示。

表 5-2 被评估车辆和参照物对比

序号	技术经济参数	参照物 1	参照物 2	被评估车辆
1	车辆型号	别克英朗 15N 手动精英型	别克英朗 15N 手动进取型	别克英朗 15N 手动豪华型
2	销售市场	公开市场	公开市场	公开市场
3	交易时间	2021 年 5 月	2021 年 9 月	2021 年 7 月
4	规定使用年限	15 年	15 年	15 年

续表

序号	技术经济参数	参照物 1	参照物 2	被评估车辆
5	初次登记日期	2017 年 2 月	2017 年 3 月	2017 年 6 月
6	已使用年限	4 年 3 个月	4 年 6 个月	4 年 1 个月
7	行驶里程	5.9 万公里	3.9 万公里	6.1 万公里
8	成新率	72%	71%	73%
9	交易数量	1 辆	1 辆	1 辆
10	付款方式	现款	现款	现款
11	交易地点	济南	济南	济南
12	物价指数	0.97	0.98	0.97
13	价格/万元	5.49	5.52	求评估值

评估步骤如下：

(1)以参照物 1 为参照对象作各项差异量化和调整：

①结构性能差异量化与调整：参照物 1 为精英车型，被评估车辆为豪华车型，评估基准日该项结构差异为 0.2 万元。参照物 1 与被评估车辆相比，还相差导航、中控显示屏、自动空调等，该项结构调整为 0.6 万元，则该项调整值为(0.6+0.2) ×73%≈0.6(万元)。

②销售时间差异量化与调整：0.97/0.97=1。

③新旧程度差异量化与调整：5.49×(75%−72%)=0.145(万元)。

④销售数量差异量化与调整：无差异，不调整。

⑤付款方式差异量化与调整：无差异，不调整。

评估值=(5.49+0.6+0.145)×1=6.235(万元)。

(2) 以参照物 2 为参照对象作各项差异量化和调整：

①结构性能差异量化与调整：参照物 2 为进取车型，被评估车辆为豪华车型，评估基准日该项结构差异为 0.3 万元。参照物 1 与被评估车辆相比，还相差无钥匙启动、导航、中控显示屏、氙气大灯、自动空调等，该项结构调整为 0.9 万元，则该项调整值为(0.9+0.3)×73%≈0.9(万元)。

②销售时间量化差异与调整：0.97/0.98=0.99。

③新旧程度差异量化与调整：5.52×(73%−71%)=0.1104(万元)。

④销售数量差异量化与调整：无差异，不调整。

⑤付款方式差异量化与调整：无差异，不调整。

评估值=(5.52+0.9+0.1104)×0.99≈6.465(万元)。

综合参照物 1 和参照物 2，被评估轿车的评估值为：

(6.235+6.465)/2=6.35 (万元)

即该别克英朗家用轿车的评估值为 6.35 万元。

【任务组织】

任务组织的详细安排如表 5-3 所示。

表 5-3 任务组织的详细安排

组织形式	单班授课、分组教学
教学模式	"教、学、做"一体(角色扮演)
学生分组	4～6 组,每组 4～6 人;建议设组长、发言人、记录员、信息员、操作员等
场地	理实一体化教室,网络环境良好,宽敞、整洁;现场灯光照明良好、通风良好
仪器设备	实训车辆
教学时间	不少于 4 学时

【任务实施】

活动 使用现行市价法评估二手车价格

活动目标

(1)能依据工作要求,理论结合实际,独立完成工作。

(2)能按照规范的方法,使用现行市价法对指定车辆进行价格估算,并准确记录计算过程和结果。

(3)能根据前期检查评估工作中发现的问题和获得的相关信息,对车辆技术状况进行正确评价。

(4)培养独立的工作习惯、严谨细致的工作作风和积极沟通的工作意识。

一、接受任务

根据公司工作安排,你需要选择适当的价格评估方法,在 30 min 内完成对指定车辆的价格评估,认真记录在价格计算中发现的问题并分析,将计算结果进行汇报。

二、制定计划

1.分组分工。

请根据工作任务安排,讨论并制定计划,完成小组成员任务分工,找到自己的角色。

□组长 □发言人 □记录员 □信息员 □其他________

2.收集信息。

____

____。

3.计划制定。

作业内容和实施步骤如下:

(1)作业内容:____

____。

(2)实施步骤：____
____。

三、计划实施

1.请完成评估车辆基本信息和标准配置。

评估车辆基本信息	品牌		车型	
	年款		出厂日期	
	表显里程		车辆识别代码	
	发动机号		首次登记日期	
标准配置	发动机排量		变速器类型	
	车身颜色		内饰颜色	
	使用性质		车籍地区	

2.请检查车辆手续检查结果，并记录关键信息。

检查结果	□正常 □有少量异常 □有严重问题
关键信息描述	

3.请检查车辆静态检查结果，并记录关键信息。

检查结果	□正常 □有少量异常 □有严重问题
关键信息描述	

4. 请检查车辆动态检查结果，并记录关键信息。

检查结果	□正常 □有少量异常 □有严重问题
关键信息描述	

5.车辆技术状况评价。

存在问题	问题描述

经检查鉴定，该车辆________________
____

6.选择价格评估方法。

价格评估方法	选择该方法的主要理由和依据

7.参考数据。

主要参考数据类型	数据来源	数据值
参考车型数据		
新车价格信息		
二手车价格信息		

8.价格影响因素分析。

影响因素	具体描述	对价格影响程度
车辆手续		
性能配置		
技术状况		
成新率		
使用成本		
政策环境		
销售方式		
交易时间		
库存情况		
市场情况		
整备成本		

9.价格估算。

价格计算公式	
计算过程	
计算结果	

经评估，该车辆建议收购价格为：__________；建议销售价格为：__________；评估时间：__________年__________月__________日。

四、评价反馈

1.请根据自己在任务活动中的实际表现进行自我反思和自我评价。

自我反思	自我评价	存在的问题和解决方案
是否对使用现行市价法评估二手车价格的工作方法和流程有了充分掌握	□是　□否	
是否愿意将自己的理解和建议与小组成员积极沟通和探讨	□是　□否	
小组成员是否都能积极主动地发表自己的意见和建议	□是　□否	
是否认真关注了其他成员的讨论和发言并非常愿意接受其他成员的建议	□是　□否	
是否通过该学习任务获得了经验	□是　□否	
是否可以引导自己所在的小组完成任务	□是　□否	
是否希望能继续和组内成员合作完成其他任务	□是　□否	
是否喜欢小组教学活动	□是　□否	

2.小组评价。

评价项目	评价	存在的问题和解决方案
参与度	☆☆☆☆☆	
完成度	☆☆☆☆☆	
贡献度	☆☆☆☆☆	
发言量	☆☆☆☆☆	
沟通交流	☆☆☆☆☆	
异议处理	☆☆☆☆☆	

3.评价标准。

项目	评分标准	分值	得分
接受任务	明确工作任务，理解任务在企业工作中的重要程度	5	
信息收集	完整准确地收集信息	5	

续表

项目	评分标准	分值	得分
制定计划	按照工作规范及要求，制定合适的行动计划	5	
	能协同小组人员安排任务分工	5	
	能在实施前准备好需要的工具器材	5	
计划实施	核查车辆手续检查情况	5	
	核查车辆静态检查情况	5	
	核查车辆动态检查情况	5	
	车辆技术状况评价	5	
	选择价格评估方法	10	
	收集参考数据	10	
	进行价格影响因素分析	10	
	进行价格估算	10	
质量检查	任务完成顺利，操作过程规范，方法选用恰当，数据分析到位，计算过程正确，价格估算合理	5	
评价反馈	能对自身表现情况进行客观评价	5	
	能在任务实施过程中发现自身存在的问题	5	
得分（满分100）			

任务二　使用重置成本法评估二手车价格

【任务描述】

根据公司工作安排，你作为二手车鉴定评估师助理，需要结合车辆技术鉴定情况，使用重置成本法在40 min内完成对指定车辆的二手车价格评估，将结果进行记录并向评估师汇报。

【任务目标】

素质目标

1.培养认真负责的工作态度。

2.培养独立的工作习惯和积极沟通的意识。

知识目标

掌握使用重置成本法对二手车进行价格评估的过程和方法。

能力目标

能运用重置成本法进行二手车价格评估。

【知识准备】

重置成本法是按照相同车型市场现行价格重新购置一个全新状态的评估对象,用所需的全部成本减去评估对象的实体性、功能性和经济性陈旧贬值后得到差额,以其作为评估对象现时价值的方法。

重置成本法的理论依据是:消费者在购买某项资产时,他所愿意支付的价钱绝对不会超过具有同等效用的全新资产的最低成本。如果该项资产的价格比重新建造或购置全新状态的同等效用的资产的最低成本高,消费者肯定不会购买这项资产,而会去新建或购置全新的资产。也就是说,待评估资产的重置成本是其价格的最大可能值。

一、重置成本法的应用前提

根据重置成本法评估被评估物的基本公式分析,应用重置成本法应具备以下两个前提条件:

(1)被评估车辆可以重新建造或购置,即被评估车辆必须能复制或更新。

(2)被评估车辆因各种因素而产生的贬值可以量化。

重置成本法作为一种二手车评估的方法,是从能够重新取得被评估车辆的角度来反映二手车的交换价值的。只有当被评估车辆处于继续使用状态下时,再取得被评估车辆的全部费用才能构成其交换价值的内容。

二、重置成本法的计算公式

重置成本法的计算公式主要有以下三种:

(1)评估值=重置成本-实体性贬值-功能性贬值-经济性贬值。

(2)评估值=重置成本×成新率。

(3)评估值=重置成本×成新率×综合调整系数×二手车变现系数。

(1)式是用重置成本法评估二手车的最基本公式,它综合考虑了二手车的现行市场价格和各种影响二手车价值量变化(贬值)的因素,但造成这些贬值的影响因素较多且有一定的不确定性,所以实际可操作性不高。

(2)式和(3)式以成新率综合考虑了各种贬值对二手车价值的影响,是一种定性和定量相结合的评估方法,比较符合中国人评判二手物品的方式,是目前市场上应用较广泛和较科学的评估方法。

三、成新率

成新率是反映二手车新旧程度的指标。二手车成新率是表示二手车的功能或使用价值占全新机动车的功能或使用价值的比率,也可以理解为二手车的现时状态与机动车全新状态的比率。成新率与有形损耗的关系是:

成新率=1-有形损耗率

成新率作为重置成本的重要指标,是准确评估车辆价值的关键。成新率的确定在很大程度上依靠评估师熟练的技术能力和工作经验进行判断。

成新率的计算方法主要有使用年限法、行驶里程法、部件鉴定法、整车观测法、综合分析法、综合成新率法等，评估时应根据具体情况合理选择，现举例如下：

(1)使用年限法是计算年限成新率，即被评估二手车的尚可使用年限与规定使用年限的比值。已使用年限一般取该车从新车在公安交通管理机关注册登记日起至评估基准日所经历的时间，通常以月计。非营运乘用车规定使用年限按 15 年计算，超过 15 年的按实际年限计算。

(2)行驶里程法是计算里程成新率，即被评估二手车的尚可使用行驶里程与规定行驶里程的比值。行驶里程法计算成新率的前提条件是车辆里程表的记录必须是原始的，不能被人为更改的。

(3)整车观测法是采用人工观察的方法，辅以简单的仪器检测，判定被评估二手车的技术等级，以确定成新率。整车观测法观察和检测的技术指标主要包括二手车的现时技术状态、使用时间及行驶里程、主要故障经历及大修情况、整车外观和完整性等。二手车技术状况对应的成新率如表 5-4 所示。

表 5-4 二手车技术状况对应的成新率

车辆等级	车况定义	技术状况描述	成新率/%
1	很新	登记后时间不超过 1 年，行驶里数不超过 2 万 km，没有缺陷，没有修理和买卖的经历	95
			90
2	很好	登记后时间不超过 3 年，行驶里数不超过 6 万 km，仅有轻微不明显的损伤，漆面、车身和内部仅有小的瑕疵，没有机械问题，无须更换部件或进行任何修理，无不良记录	85
			80
			75
3	良好	登记后时间不超过 5 年，行驶里数不超过 10 万 km，重新油漆的痕迹是好的，机械部分及易损件已更换，在用状态良好，故障率低，可随时出车使用	70
			65
			60
			55
4	一般	行驶里数不超过 16 万 km，有一些机械方面的明显缺陷，需要进行某些修理或换一些易损部件，可以随时出车，但动力性下降，油耗增加	50
			45
			40
			35
5	尚可使用	处于运行状态的旧车，油漆晦暗，锈蚀严重，有多处机械的明显缺陷，可能存在不容易修复的问题，需要较多地维修换件，可靠性很差，使用成本增加	30
			25
			20
			15

续表

车辆等级	车况定义	技术状况描述	成新率/%
6	待报废处理	基本达到或已达到使用年限，通过《机动车安全技术条件》检查，能使用但不能正常使用，动力性、经济性、可靠性下降，燃料费、维修费、大修费用增长速度快，车辆效益与支出基本持平甚至下降，排放污染和噪声污染达到极限	10
			6
			4
7	报废	使用年限已达到报废期，只有基本材料的回收价值	2
			0

整车观测法一般用于初步估算中、低档二手车的价格，或作为综合分析法的辅助手段，用来确定车辆的技术状况调整系数。

四、综合调整系数

以使用年限法为基础，综合考虑二手车的实际技术状况、维护情况、制造质量、使用性质及使用条件等多种因素对二手车价值的影响，以调整系数的形式确定成新率，其计算公式为：

$$分析成新率=年限成新率\times调整系数$$

根据影响二手车成新率的主要因素，采用推荐的综合调整系数 K，用加权平均的方法进行调整，适用于具有中等价值的二手车的评估。这是目前二手车鉴定评估最常用的方法之一。综合调整系数由车辆技术状况、使用和维护状态、原始制造质量、工作性质、工作条件五个方面构成(见表 5-5)，这五个方面的影响权重根据经验分别取 30%、25%、20%、15%和 10%，其计算公式为：

$$K=K_1\times30\%+K_2\times25\%+K_3\times20\%+K_4\times15\%+K_5\times10\%$$

式中，K_1—车辆技术状况调整系数，取值范围为 0.6～1.0；K_2—车辆使用和维护状态调整系数，取值范围为 0.7～1.0；K_3—车辆原始制造质量调整系数，取值范围为 0.7～1.0；K_4—车辆工作性质调整系数，取值范围为 0.5～1.0；K_5—车辆工作条件调整系数，取值范围为 0.6～1.0。

表 5-5　各调整系数的选取方法及其权重分配

影响因素	因素分级	调整系数	权重/%
车辆技术状况	好	1.0	30
	较好	0.9	
	一般	0.8	
	较差	0.7	
	差	0.6	

续表

影响因素	因素分级	调整系数	权重/%
使用和维护状态	好	1.0	25
	较好	0.9	
	一般	0.8	
	较差	0.7	
原始制造质量	进口车	1.0	20
	国产名牌车	0.9	
	进口非名牌车	0.8	
	走私罚没车、国产非名牌车	0.7	
工作性质	私用	1.0	15
	公务、商用	0.7	
	营运	0.5	
工作条件	较好	1.0	10
	一般	0.8	
	较差	0.6	

综合成新率法是采用定性和定量分析的方法，综合多种单一因素对二手车成新率的估算结果，并分别赋予不同的权重，计算加权平均成新率。综合成新率是理论成新率与现场查勘成新率的加权平均值，GB/T 30323 推荐的方法是根据车辆技术鉴定记录打分汇总，确定技术等级(见表 5-6)，得分除以 100 即为技术鉴定的综合成新率。车辆评估价值的计算公式为：

车辆评估价值＝更新重置成本×综合成新率

表 5-6　技术状况等级鉴定

技术状况等级	鉴定总分的分值区间
一级	≥90
二级	60～90(含 60)
三级	20～60(含 20)
四级	<20
五级	事故车

对二手车的价值评估，严格的价格计算还应乘以二手车变现系数(见表 5-7)，即要考虑市场微观经济环境和政府宏观政策对车辆变现能力的影响。

表 5-7　二手车使用时间对应的变现系数

已使用时间(月)	1～6	7～12	13～18	19～24	25～30	31～36	37～42	43～48	49～54	55～60
变现系数	0.80	0.84	0.86	0.88	0.90	0.92	0.94	0.96	0.98	1.00

注:采用年限法中的加速折旧法求二手车成新率时,此表不适用。

五、重置成本法

重置成本法的计算方法如表 5-8 所示。

表 5-8　重置成本法的计算方法

计算方法一	计算方法二	计算方法三
①确定重置成本 ②确定实体性贬值 ③确定功能性贬值 ④确定经济性贬值 ⑤计算评估值	①确定重置成本 ②确定二手车成新率 ③计算评估值	①确定重置成本 ②确定二手车成新率 ③确定综合调整系数 ④确定变现系数 ⑤计算评估值

下面是两个关于重置成本法的案例:

(1)王先生于 2016 年 2 月花 26.8 万元购置某品牌轿车作为家庭用车,于 2021 年 6 月在本地二手车交易市场交易,评估人员检查后确认该车初次登记日期为 2016 年 3 月,车辆基本作为市内交通工具使用,累计行驶 10.8 万千米。经检查,车辆维护保养情况一般,路试车况一般。根据对市场的调查,2021 年 6 月该款车的重置成本为 22.5 万元。请用重置成本法计算成新率,并给出该车的评估值。

解:根据题意,采用重置成本法估算该车价值:

①该车已使用 5 年 3 个月,共 63 个月,规定使用年限为 15 年,共 180 个月,则成新率 $=(1-63/180)\times100\%=65\%$。

②综合调整系数的计算:

由题意可知:该车技术状况较好,调整系数取 0.8,权重 30%;该车维护保养一般,调整系数取 0.8,权重 25%;该车制造质量属名牌,调整系数取 1.0,权重 20%;该车工作性质为私用,调整系数取 0.9,权重 15%;该车工作条件较好,调整系数取 0.8,权重 10%;则 $K=0.8\times30\%+0.8\times25\%+1.0\times20\%+0.9\times15\%+0.8\times10\%=85.5\%$。

③成新率计算:成新率 $=65.0\%\times85.5\%=55.6\%$。

④重置成本为 22.5 万元。

⑤评估值为 $22.5\times55.6\%=12.5$(万元)。

(2)一企业单位 2010 年 10 月购置并上牌一辆中通 17 座客车,该车属改进型普通漆,参照中通金属漆选配价格和全新金属漆,17 座客车市场销售价格为 183800 元,而金属漆较普通漆高出 3000 元。只考虑购置附加税 10%,且该车综合调整系数取 0.7,试评估该车在2017年6月的价格。

解：根据题意，采用重置成本法评估该车价值：

①该车已使用6年8个月，共80个月，规定使用年限10年，共120个月。

②综合调整系数 $K=0.7$。

③综合成新率＝(1－80/120)×0.7×100％＝23.3％。

④重置成本为(183800－3000)×(1＋10％)＝180800×(1＋10％)＝198880(元)。

⑤评估值为198880×23.3％＝46339.04(元)。

六、重置成本法与现行市价法的区别和联系

现行市价法以市场价格为依据，车辆价格受市场因素约束，并且其评估值直接受市场检验，而重置成本只是在模拟条件下重置车辆的现行价格。

重置成本法是将被评估车辆与全新车辆进行比较的过程，它比较侧重于车况性能。例如，在评估一辆二手车时，首先要考虑重新购置一辆全新的同型汽车需要花费多少成本，同时还需进一步考虑旧车的车况和功能、技术情况。只有当充分考虑这一系列因素后，才可能对此二手车辆进行定价，而上述过程均涉及与全新车辆的比较。

与重置成本法比较，现行市价法的出发点更多地表现在价格上。由于现行市价法比较侧重价格分析，因此十分依赖于市场化程度。若市场很活跃，参照车辆很容易获得，则采用现行市价法所取得的结论就会更可靠。相对于重置成本法而言，现行市价法的这种比较性的条件更为广泛。

采用重置成本法进行评估时，只需要有一个或数个相似的参照车辆；若采用现行市价法，则需要有较多的市场数据作为参考。

【任务实施】

活动　使用重置成本法评估二手车价格

活动目标

(1)能依据工作要求，理论结合实际，独立完成工作。

(2)能按照规范的方法，使用重置成本法对指定车辆进行价格估算，并准确记录计算过程和结果。

(3)能根据前期检查评估工作中发现的问题和获得的相关信息，对车辆技术状况进行正确评价。

(4)培养独立的工作习惯、严谨细致的工作作风和积极沟通的工作意识。

一、接受任务

根据公司工作安排，你需要选择适当的价格评估方法，在30 min内完成对指定车辆的价格评估。请对在价格计算过程中发现的问题进行认真记录，并对问题进行分析，同时将计算结果进行汇报。

二、制定计划

1.分组分工。

请根据工作任务安排，讨论并制定计划，完成小组成员任务分工，找到自己的角色。

□组长　□发言人　□记录员　□信息员　□其他________

2.收集信息。

____

____。

3.计划制定。

作业内容和实施步骤如下：

(1)作业内容：____

____。

(2)实施步骤：____

____。

三、计划实施

1.请完成评估车辆基本信息和标准配置。

评估车辆基本信息	品牌		车型	
	年款		出厂日期	
	表显里程		车辆识别代码	
	发动机号		首次登记日期	
标准配置	发动机排量		变速器类型	
	车身颜色		内饰颜色	
	使用性质		车籍地区	

2.请检查车辆手续检查结果，并记录关键信息。

检查结果	□正常　□有少量异常　□有严重问题
关键信息描述	

3.请检查车辆静态检查结果，并记录关键信息。

检查结果	□正常　□有少量异常　□有严重问题
关键信息描述	

4.请检查车辆动态检查结果,并记录关键信息。

检查结果	□正常　□有少量异常　□有严重问题
关键信息描述	

5.车辆技术状况评价。

存在问题	问题描述

经检查鉴定,该车辆____________

6.选择价格评估方法。

价格评估方法	选择该方法的主要理由和依据

7.确定重置成本。

主要参考数据类型	数据来源	数据值
参考车型数据		
新车价格信息		

8.确定成新率。

成新率计算方法	具体描述	成新率
年限成新率		
里程成新率		
整车观测成新率		
综合成新率		

9.确定综合调整系数。

综合调整系数	取值
K_1 为车辆技术状况调整系数，取值范围为 0.6～1.0	
K_2 为车辆使用和维护状态调整系数，取值范围为 0.7～1.0	
K_3 为车辆原始制造质量调整系数，取值范围为 0.7～1.0	
K_4 为车辆工作性质调整系数，取值范围为 0.5～1.0	
K_5—车辆工作条件调整系数，取值范围为 0.6、0.8、1.0	
$K=K_1\times30\%+K_2\times25\%+K_3\times20\%+K_4\times15\%+K_5\times10\%$	

10.确定变现系数。

变现系数为__________

11.价格估算。

价格计算公式	
计算过程	
计算结果	

经评估，该车辆建议收购价格为：__________；建议销售价格为：__________；评估时间：______年______月______日。

四、评价反馈

1.请根据自己在任务活动中的实际表现进行自我反思和自我评价。

自我反思	自我评价	存在的问题和解决方案
是否对使用重置成本法评估二手车价格的工作方法和流程有了充分掌握	□是 □否	
是否愿意将自己的理解和建议与小组成员积极沟通和探讨	□是 □否	
小组成员是否都能积极主动地发表自己的意见和建议	□是 □否	

续表

自我反思	自我评价	存在的问题和解决方案
是否认真关注了其他成员的讨论和发言并非常愿意接受其他成员的建议	□是 □否	
是否通过该学习任务获得了经验	□是 □否	
是否可以引导自己所在的小组完成任务	□是 □否	
是否希望能继续和组内成员合作完成其他任务	□是 □否	
是否喜欢小组教学活动	□是 □否	

2.小组评价。

评价项目	评价	存在的问题和解决方案
参与度	☆☆☆☆☆	
完成度	☆☆☆☆☆	
贡献度	☆☆☆☆☆	
发言量	☆☆☆☆☆	
沟通交流	☆☆☆☆☆	
异议处理	☆☆☆☆☆	

3.评价标准。

项目	评分标准	分值	得分
接受任务	明确工作任务,理解任务在企业工作中的重要程度	5	
信息收集	完整准确地收集信息	5	
制定计划	按照工作规范及要求,制定合适的行动计划	5	
	能协同小组人员安排任务分工	5	
	能在实施前准备好需要的工具器材	5	
计划实施	核查车辆手续检查情况	5	
	核查车辆静态检查情况	5	
	核查车辆动态检查情况	5	
	车辆技术状况评价	5	
	选择价格评估方法	10	
	收集参考数据	10	
	进行价格影响因素分析	10	
	进行价格估算	10	

续表

项目	评分标准	分值	得分
质量检查	学生任务完成顺利，操作过程规范，方法选用恰当，数据分析到位，计算过程正确，价格估算合理	5	
评价反馈	学生能对自身表现情况进行客观评价	5	
	学生能在任务实施过程中发现自身存在的问题	5	
得分（满分 100）			

项目六

撰写二手车鉴定评估报告

车辆经过手续检查、静态检查、动态检查以及价值评估后，鉴定评估机构要向委托方出具鉴定评估报告。《二手车鉴定评估报告》是鉴定评估工作的成果，也是鉴定评估工作的必要环节。评估报告要根据车辆技术状况鉴定等级和价值评估结果来撰写，任何一个环节和内容的填写都要保证有据可查、有理可依。

【知识架构】

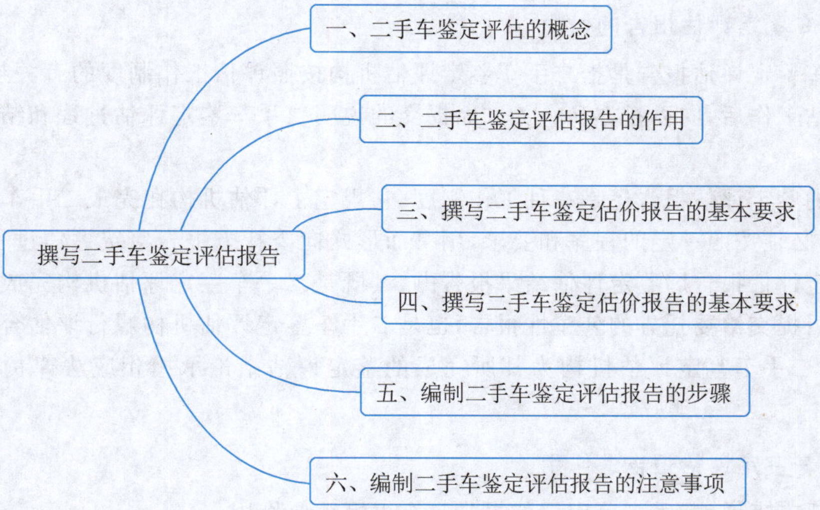

任务　撰写二手车鉴定评估报告

【任务描述】

根据公司工作安排，你作为二手车评估师助理，要在 40 min 内完成对指定车辆的二手车鉴定评估报告。请根据对车辆技术状况进行检查鉴定的情况，结合发现的问题和对车辆价值的估算，按照规范的流程和方法，完成二手车鉴定评估报告的撰写。

【任务目标】

素质目标

1.培养遵纪守法、求真务实的职业素养。

2.培养勤学好问的学习习惯。

3.培养积极沟通的工作意识和认真负责的工作态度。

知识目标

1.掌握二手车鉴定评估报告的概念与内容。

2.掌握撰写二手车鉴定评估报告的步骤及注意事项。

能力目标

能完成二手车鉴定评估报告的撰写。

【知识准备】

一、二手车鉴定评估报告的概念

二手车鉴定评估报告是指二手车鉴定评估机构按照评估工作制度的有关规定，在完成鉴定评估工作后，向委托方和有关方面提交的说明二手车鉴定评估过程和结果的书面报告。

广义的鉴定评估报告还是一种工作制度，它规定了评估机构在完成二手车鉴定评估工作之后，必须按照一定的程序和要求，用书面形式向委托方报告鉴定评估过程和结果。狭义的鉴定评估报告即鉴定评估结果报告书，其既是二手车鉴定评估机构完成对二手车作价意见后提交给委托方的公正性报告，也是二手车鉴定评估机构履行评估合同情况的总结，还是二手车鉴定评估机构为其所完成的鉴定评估结论承担相应法律责任的证明文件。

二、二手车鉴定评估报告的作用

对委托方来说，二手车鉴定评估报告具有以下重要作用：

(1)作为产权交易变动的作价依据。二手车鉴定评估报告是经具有机动车鉴定评估资格的机构根据被委托鉴定评估车辆的状况，由专业的二手车鉴定估价师遵循评估的原则和标准，按照法定的程序，运用科学的方法对被委托评估的车辆价值进行评定和估算后，通过报告书的形式提出的作价意见，可以作为二手车买卖交易谈判底价的参考依据，或作为投资比例出资价格的证明材料。

(2)作为支付评估费用的依据。当委托方拿到评估资料及报告后，如果没有提出异议，也就是说评估的资料及结果符合委托书的条款，则委托方应以此为前提和依据向受托方(评估机构)付费。

(3)二手车鉴定评估报告是反映和体现评估的工作情况，明确委托方、受托方及有关方面责任的根据。二手车鉴定评估报告采用文字的形式，对受托方进行二手车评估的目的、背景、产权、依据、程序、方法等过程和评定的结果进行说明和总结，体现了评估机构的工作成果。

(4)作为法庭辩论和裁决时确认财产价格的举证材料。对接受委托的鉴定评估机构来说，二手车鉴定评估报告具有重要作用，主要表现为：二手车鉴定评估报告是评估机构评估成果的体现，是一种动态管理的信息资料，体现了评估机构的工作情况和工作质量；二手车鉴定评估报告是建立评估档案，归集评估档案资料的重要信息来源。

三、撰写二手车鉴定评估报告的基本要求

撰写二手车鉴定评估报告的基本要求如下：

(1)鉴定估价报告必须依照客观、公正、实事求是的原则，由二手车鉴定评估机构独立撰写，如实反映鉴定评估的工作情况。

(2)鉴定评估报告应有委托单位(或个人)的名称，二手车鉴定评估机构的名称和印章，二手车鉴定评估机构法人代表或其委托人和二手车鉴定评估师的签字，以及提供报告的日期。

(3)鉴定评估报告要写明评估基准日，并且不得随意更改。所有在评估中采用的税率、费率、利率和其他价格标准均应采用基准日的标准。

(4)鉴定评估报告中应写明评估的目的、范围、二手车的状态和产权归属。

(5)鉴定评估报告应说明评估工作遵循的原则和依据的法律法规，简述鉴定评估过程，写明评估的方法。

(6)鉴定评估报告应有明确的鉴定估算价值的结果，鉴定结果应有二手车的成新率，同时还应有二手车原值、重置价值、评估价值等。

(7)鉴定评估报告还应有齐全的附件。

四、二手车鉴定评估报告的基本内容

二手车鉴定评估报告(示范文本)如图 6-1 所示。

附录二　　二手车鉴定评估报告（示范文本）

××××鉴定评估机构评报字（20　　年）第××号

一、绪言

_____（鉴定评估机构）接受_____的委托，根据国家有关评估及《二手车流通管理办法》和《二手车鉴定评估技术规范》的规定，本着客观、独立、公正、科学的原则，按照公认的评估方法，对牌号为_____的车辆进行了鉴定。本机构鉴定评估人员按照必要的程序，对委托鉴定评估的车辆进行了实地查勘与市场调查，并对其在_____年_____月_____日所表现的市场价值作出了公允反映。现将该车辆鉴定评估结果报告如下：

二、委托方信息

委托方：__________　　委托方联系人：__________
联系电话：__________　　车主姓名/名称：（填写机动车登记证书所示的名称）

三、鉴定评估基准日　_____年_____月_____日

四、鉴定评估车辆信息

厂牌型号：__________　　牌照号码：__________
发动机号：__________　　车辆 VIN 码：__________
车身颜色：_____　表征里程：_____　初次登记日期：_____
年审检验合格至：_____年_____月　　交强险截止日期：_____年月
车船税截止日期：_____年_____月
是否查封、抵押车辆：□是 □否　　车辆购置税（费）证：□有 □无
机动车登记证书：□有 □无　　机动车行驶证：□有 □无
未接受处理的交通违法记录：□有 □无
使用性质：□公务用车 □家庭用车 □营运用车 □出租车 □其他：_____

五、技术鉴定结果

技术状况缺陷描述：__________
重要配置及参数信息：__________
技术状况鉴定等级：__________　　等级描述：__________

六、价值评估

价值估算方法：□现行市价法□重置成本法□其他__________
价值估算结果：车辆鉴定评估价值为人民币_____元，金额大写：_____

七、特别事项说明[D]

八、鉴定评估报告法律效力

本鉴定评估结果可以作为作价参考依据。本项鉴定评估结论有效期为 90 天，自鉴定评估基准日至　　年　　月　　日止；

九、声明：

⑴本鉴定评估机构对该鉴定评估报告承担法律责任；
⑵本报告所提供的车辆评估价值为评估基准日的价值；
⑶该鉴定评估报告的使用权归委托方所有，其鉴定评估结论仅供委托方为本项目鉴定评估目的使用和送交二手车鉴定评估主管机关审查使用，不适用于其他目的，否则本鉴定评估机构不承担相应法律责任；因使用本报告不当而产生的任何后果与签署本报告书的鉴定评估人员无关；
⑷本鉴定评估机构承诺，未经委托方许可，不将本报告的内容向他人提供或公开，否则本鉴定评估机构将承担相应法律责任。

附件：

一、二手车鉴定评估委托书
二、二手车技术状况鉴定作业表
三、车辆行驶证、机动车登记证书证复印件
四、被鉴定评估二手车照片（要求外观清晰，车辆牌照能够辨认）

二手车鉴定评估师（签字、盖章）　　　　**复核人**[D]**（签字、盖章）**

年　月　日　　　　**（二手车鉴定评估机构盖章）**

年　月　日

图 6-1　二手车鉴定评估报告(示范文本)

二手车鉴定评估报告的基本内容如下：

(一)封面

二手车鉴定评估报告的封面须包含下列内容：二手车鉴定评估报告的名称、鉴定评估机构出具的鉴定评估报告的编号、二手车鉴定评估机构的全称和鉴定评估报告的提交日期等。

(二)首部

二手车鉴定评估报告正文的首部包括：

(1)标题。标题应简练清晰，含有“××××(评估项目名称)鉴定评估报告书”字样，位置居中偏上。

(2)报告书序号。报告书序号应符合公文的要求，包括评估机构特征字、公文种类特征字(如评报、评咨和评函，评估报告正式报告应用评报，评估报告预报告应用评预报)、年份、文件序号，如××评报字(2021)第10号。

(三)绪言

绪言应写明该评估报告委托方的全称、受委托评估事项及评估工作整体情况，一般应采用包含下列内容的表达格式：

“××××(鉴定评估机构)接受××××的委托，根据国家有关资产评估的规定，本着客观、独立、公正、科学的原则，按照公认的资产评估方法，对××××(车辆)进行了鉴定评估。本机构鉴定评估人员按照必要的程序，对委托鉴定评估车辆进行了实地查勘与市场调查，对其在××××年××月××日所表现的市场价值做出了公允反映。现将车辆评估情况及鉴定评估结果报告如下。”

(四)委托方与车辆所有方简介

应写明委托方(委托方联系人的名称、联系电话及住址)和车主的名称。

(五)鉴定评估的目的

应写明本次鉴定评估是为了满足委托方的何种需要，及其所对应的经济行为类型。例如，根据委托方的要求，本项目评估目的为：□交易 □转籍 □拍卖 □置换 □抵押 □担保 □咨询 □法律裁决

(六)鉴定评估对象

简要写明评估车辆的厂牌型号、号牌号码、发动机号、车辆识别代号/车架号、注册登记日期、年审检验合格有效日期、车辆购置税证号码、车船使用税缴纳有效期。

(七)鉴定评估基准日

写明车辆鉴定评估基准日的具体日期，式样为：鉴定评估基准日是××××年××月××日。

(八)评估原则

报告应严格遵循客观性、独立性、公正性、科学性原则。

(九)评估依据

评估依据一般包括行为依据、法律法规依据、产权依据和评定及取价依据等。

(1)行为依据。行为依据主要是指二手车鉴定评估委托书、法院的委托书等经济行为文件，如《二手车鉴定评估委托书第10号》等。

(2)法律法规依据。法律法规依据应包括车辆鉴定评估的有关条款、文件及涉及车辆评估的有关法律、法规等。

(3)产权依据。产权依据是指被评估车辆的机动车登记证书或其他能够证明车辆产权的文件等。

(4)评定及取价依据。评定及取价依据应为鉴定评估机构收集的国家有关部门发布的统计资料和技术标准资料,以及评估机构收集的有关询价资料和参数资料等。例如:

①技术标准资料:《最新资产评估常用数据与参数手册》。

②技术参数资料:被评估二手车的技术参数表。

③技术鉴定资料:车辆检测报告单。

④其他资料:现场工作底稿、市场询价资料等。

(十)评估方法及计算过程

简要说明评估人员在评估过程中所选择并使用的评估方法;简要说明选择评估方法的依据或原因;若评估时采用一种以上的评估方法,应适当说明原因并说明该资产评估价值的确定方法;对于所选择的特殊评估方法,应适当介绍其原理与适用范围;简要介绍各种评估方法计算的主要步骤等。

(十一)评估过程

评估过程应反映二手车鉴定评估机构自接受评估委托起至提交评估报告的工作过程,包括接受委托、验证、现场查勘、市场调查与询证、评定估算和提交报告等。

(十二)评估结论

给出被评估车辆的评估价格、金额(小写和大写)。

(十三)特别事项说明

评估报告中陈述的特别事项是指在已确定评估结果的前提下,评估人员揭示在评估过程中已发现可能影响评估结论,但非评估人员执业水平和能力所能评定估算的有关事项,提示评估报告使用者应注意特别事项对评估结论的影响,并揭示鉴定评估人员认为需要说明的其他问题。

(十四)评估报告的法律效力

评估报告的法律效力包括揭示评估报告的有效日期,特别提示评估基准日的期后事项对评估结论的影响以及评估报告的使用范围等,常见写法如下:

(1)本项评估结论有效期为90天,自评估基准日至××××年××月××日止。

(2)当评估目的在有效期内实现时,本评估结果可以作为作价参考依据;超过90天,需重新评估。另外,在评估有效期内,若被评估车辆的市场价格或因交通事故等原因导致车辆的价值发生变化,对车辆评估结果产生明显影响时,委托方也需重新委托评估机构重新评估。

(3)鉴定评估报告的使用权归委托方所有,其评估结论仅供委托方为本项目评估目的使用和送交二手车鉴定评估主管机关审查使用,不适用于其他目的;因使用本报告不当而产生的任何后果与签署本报告的鉴定评估师无关;未经委托方许可,本鉴定评估机构承诺不将本报告的内容向他人提供或公开。

(十五)鉴定评估报告提出的日期

写明评估报告提交委托方的具体时间,评估报告原则上应在确定的评估基准日后一周内提出。

(十六)附件

附件应包括二手车鉴定评估委托书、二手车鉴定评估作业表、车辆行驶证、车辆购置税、车辆登记证书复印件、二手车鉴定评估师资格证书影印件、鉴定评估机构营业执照影印件、鉴定评估机构资质影印件和二手车照片等。

(十七)尾部

报告尾部应写明出具评估报告的评估机构名称并盖章;写明评估机构法定代表人姓名并签名,注册二手车鉴定评估师盖章并签名,高级注册二手车鉴定评估师审核签章以及给出报告日期。

五、编制二手车鉴定评估报告的步骤

二手车鉴定评估报告是记述鉴定评估成果的文件,是鉴定评估机构向委托方和二手车鉴定评估管理部门提交的主要成果。因此,要求评估人员编制的报告思路清晰,文字简练准确,格式规范,有关的取证与调查材料和数据真实可靠。评估人员应按下列步骤进行评估报告的编制:

(一)评估资料的分类整理

可供参考的数据记录等评估资料是编制二手车鉴定评估报告的基础。

(二)鉴定评估资料的分析讨论

在整理资料的工作完成后,应召集参与评估工作过程的有关人员对评估的情况和初步结论进行分析讨论。如果发现其中存在提法不妥、计算错误、作价不合理等方面的问题,应进行必要的调整。对于采用两种不同方法评估并得出两个不同结论的情况,需要在充分讨论的基础上得出一个正确的结论。

(三)鉴定评估报告书的撰写

评估报告的负责人应根据评估资料讨论后的修正意见,进行资料的汇总编排和评估报告书的撰写工作;然后将二手车鉴定评估的基本情况和评估报告书初稿得到的初步结论与委托方交换意见,听取委托方的反馈意见后,在坚持客观、公正、科学、可行的前提下,认真分析委托方提出的问题和意见,考虑是否应该修改评估报告书,对报告书中存在的疏忽、遗漏和错误之处进行修正,待修正完毕即可撰写出正式的二手车鉴定评估报告。

(四)评估报告的审核

评估报告先由项目负责人审核,再报评估机构经理审核签发,同时要有二手车鉴定评估人员签字并加盖评估机构公章。送达客户签收时,必须要求客户在收到评估书后,按送达回证上的要求认真填写,并要求收件人签字确认。

六、编制二手车鉴定评估报告的注意事项

编制二手车鉴定评估报告时,应注意以下事项:

(1)实事求是,切忌出具虚假报告。报告书必须建立在真实、客观的基础上,不能脱离实际情况,更不能无中生有。报告拟定人应是参与鉴定评估并全面了解被评估车辆的

主要鉴定评估人员。

(2)坚持一致性原则。报告的文字、内容要前后一致,正文、评估说明、作业表、鉴定工作底稿、格式甚至数据要相互一致,不能出现相互矛盾的情况。

(3)提交报告书要及时、齐全和保密。在正式完成二手车鉴定评估报告工作后,应按业务约定书的约定时间及时将报告书送交委托方。送交报告书时,报告书及有关文件要送交齐全。

【任务组织】

任务组织的详细安排如表 6-1 所示。

表 6-1 任务组织的详细安排

组织形式	单班授课、分组教学
教学模式	“教、学、做”一体(角色扮演)
学生分组	4~6 组,每组 4~6 人;建议设组长、发言人、记录员、信息员、操作员等
场地	理实一体化教室,网络环境良好,宽敞、整洁;现场灯光照明良好、通风良好
仪器设备	实训车辆
教学时间	不少于 2 学时

【任务实施】

活动 撰写二手车鉴定评估报告

活动目标

(1)能依据工作要求,结合实际情况,独立完成二手车鉴定评估报告的撰写工作。
(2)能按照规范的方法,准确记录检查过程和结果。
(3)培养独立的工作习惯、严谨细致的工作作风和积极沟通的工作意识。

一、接受任务

根据公司工作安排,你需要在 20 min 内完成对指定车辆的鉴定评估报告。

二、制定计划

1.分组分工。

请根据工作任务安排,讨论并制定计划,完成小组成员任务分工,找到自己的角色。

□组长 □发言人 □记录员 □信息员 □其他________

2.收集信息。

____
____。

3.计划制定。

作业内容和实施步骤如下：

(1)作业内容：____。

(2)实施步骤：____。

三、计划实施

1.车辆情况信息。

(1)委托方信息及评估机构信息。

委托方		委托方联系人	
联系电话		车主姓名/名称	
鉴定评估机构名称		评估基准日	
二手车鉴定评估师		复核人	

(2)鉴定评估车辆信息。

二手车鉴定评估师		复核人	
厂牌型号		牌照号码	
发动机号		车辆识别代号/车架号	
注册登记日期		年审检验合格有效期至	
交强险截止日期		车船税截止日期	
是否查封、抵押车辆	□是　□否	车辆购置税(费)证	□有　□无
机动车登记证书	□有　□无	机动车行驶证	□有　□无
未接受处理的交通违法	□有　□无	使用性质	
行驶里程		已使用年限	
原始价格			

(3)技术鉴定结果。

序号	检查内容	鉴定结果	分数
1	车身骨架检查		
2	车身检查		
3	发动机舱检查		
4	驾驶舱检查		
5	启动检查		
6	路试检查		

续表

序号	检查内容	鉴定结果	分数
7	底盘检查		
8	功能性零部件		

总分：

定级：

技术鉴定结果：

(4)重要配置及参数信息。

燃油标号		排量(mL)		缸数	
发动机功率		排放标准		变速器	
安全气囊		驱动方式			

(5)价值评估。

2.根据车辆实际情况，请完成下面的二手车鉴定评估报告填写工作。

重置成本法计算：评估值＝更新重置成本×综合成新率 更新重置成本： 综合成新率：

二手车鉴定评估报告

二手车评估中心鉴定评估机构评报字(202　年)第　号

一、绪言

________(鉴定评估机构)接受________的委托，根据国家有关评估及《二手车流通管理办法》和《二手车鉴定评估技术规范》(GB/T 30323)的规定，本着客观、独立、公正、科学的原则，按照公认的评估方法，对牌号为________的车辆进行了鉴定。本机构鉴定评估人员按照必要的程序，对委托鉴定评估的车辆进行了实地查勘与市场调查，并对其在______年____月____日所表现的市场价值作出公允反映。

二、委托方信息

委托方：________　委托方联系人：________　联系电话：________

车主姓名/名称：________(填写机动车登记证书所示的名称)

三、鉴定评估基准日

鉴定评估基准日在______年____月____日。

四、鉴定评估车辆信息。

厂牌型号：________　牌照号码：________

发动机号：________________ 车辆识别代号/车架号：________________

车身颜色：________________ 表征里程：________________

注册登记日期：________年____月____日

审检验合格有效期至：________年____月

交强险截止日期：________年____月____日

车船税截止日期：________年____月

是否查封、抵押车辆：□是 □否

车辆购置税(费)证：□有 □无

机动车登记证书：□有 □无

机动车行驶证：□有 □无

未接受处理的交通违法记录：□有 □无

使用性质：□公务用车 □家庭用车 □营运用车 □出租车 □其他________

五、技术鉴定结果

技术状况缺陷描述：____。

重要配置及参数信息：____。

技术状况鉴定等级：__________ 等级描述：__________

六、价值评估

价值估算方法：□现行市价法 □重置成本法 □其他________________

计算过程：____

____。

价值估算结果：车辆鉴定评估价值为人民币__________元，金额大写：__________。

七、特别事项说明[1]

八、鉴定评估报告的法律效力

本鉴定评估结果可以作为作价参考依据。本项鉴定评估结论有效期为 90 天，自鉴定评估基准日至________年______月______日止。

九、声明

(1)本鉴定评估机构对该鉴定评估报告承担法律责任。

(2)本报告所提供的车辆评估价值为评估基准日的价值。

(3)该鉴定评估报告的使用权归委托方所有，其鉴定评估结论仅供委托方为本项目鉴定评估目的使用和送交二手车鉴定评估主管机关审查使用，不适用于其他目的，否则本鉴定评估机构不承担相应法律责任；因使用本报告不当而产生的任何后果与签署本报告书的鉴定评估人员无关。

(4)本鉴定评估机构承诺，未经委托方许可，不将本报告的内容向他人提供或公开，否则本鉴定评估机构将承担相应法律责任。

附件：

一、二手车鉴定评估委托书

二、二手车鉴定评估作业表

三、车辆行驶证、机动车登记证书复印件

四、被鉴定评估二手车照片（要求外观清晰，车辆牌照能够辨认）

二手车鉴定评估师（签字、盖章）　　　　　复核人[2]（签字、盖章）

年　月　日　　　　　（二手车鉴定评估机构盖章）

年　月　日

[1]特别事项是指在已确定鉴定评估结果的前提下，鉴定评估人员认为需要说明在鉴定过程中已发现可能影响鉴定评估结论，但非鉴定评估人员执业水平和能力所能鉴定评估的有关事项以及其他问题。

[2]复核人是指具有高级二手车鉴定评估师资格的人员。

备注：

1.本报告书和作业表一式三份，委托方二份，受托方一份。

2.鉴定评估基准日即为《二手车鉴定评估委托书》签订的日期。

四、评价反馈

1.请根据自己在任务活动中的实际表现进行自我反思和自我评价。

自我反思	自我评价	存在的问题和解决方案
是否对二手车鉴定评估报告撰写的工作流程和基本方法有了充分了解	□是　□否	
是否愿意将自己的理解和建议与小组成员积极沟通和探讨	□是　□否	
小组成员是否都能积极主动地发表自己的意见和建议	□是　□否	
是否认真关注了其他成员的讨论和发言并非常愿意接受其他成员的建议	□是　□否	
是否通过该学习任务获得了经验	□是　□否	
是否可以引导自己小组成员完成任务活动	□是　□否	
是否希望能继续和组内成员合作完成其他学习任务活动	□是　□否	
是否喜欢小组教学活动	□是　□否	

2.小组评价。

评价项目	评价	存在的问题和解决方案
参与度	☆☆☆☆☆	
完成度	☆☆☆☆☆	
贡献度	☆☆☆☆☆	
发言量	☆☆☆☆☆	

续表

评价项目	评价	存在的问题和解决方案
沟通交流	☆☆☆☆☆	
异议处理	☆☆☆☆☆	

3.评价标准。

项目	评分标准	分值	得分
接受任务	明确工作任务,理解任务在企业工作中的重要程度	5	
信息收集	完整准确地收集信息	5	
制定计划	按照工作规范及要求,制定合适的行动计划	5	
	能协同小组人员安排任务分工	5	
	能在实施前准备好需要的工具器材	5	
计划实施	委托方信息及评估机构信息	5	
	鉴定评估车辆信息	5	
	技术鉴定结果	5	
	重要配置及参数信息	5	
	价值评估	5	
	评估资料的分类整理	10	
	对鉴定评估资料的分析讨论	10	
	鉴定评估报告书的撰写	10	
	评估报告的审核	5	
质量检查	学生任务完成,操作过程规范,操作结束后能对现场进行整理	5	
评价反馈	学生能对自身表现情况进行客观评价	5	
	学生能在任务实施过程中发现自身存在的问题	5	
得分(满分100)			

项目七
收购二手车

二手车收购对二手车经营企业来说至关重要，只有收购到车辆，才能进行销售，进而产生利润。获得车源信息，寻找到好的车源，经过价格谈判，以合适的价格收购二手车，二手车流通企业才能提高车辆流通率，获取利润，创造商业价值。各类汽车流通企业都将收购二手车作为企业生存和发展的关键。

【知识架构】

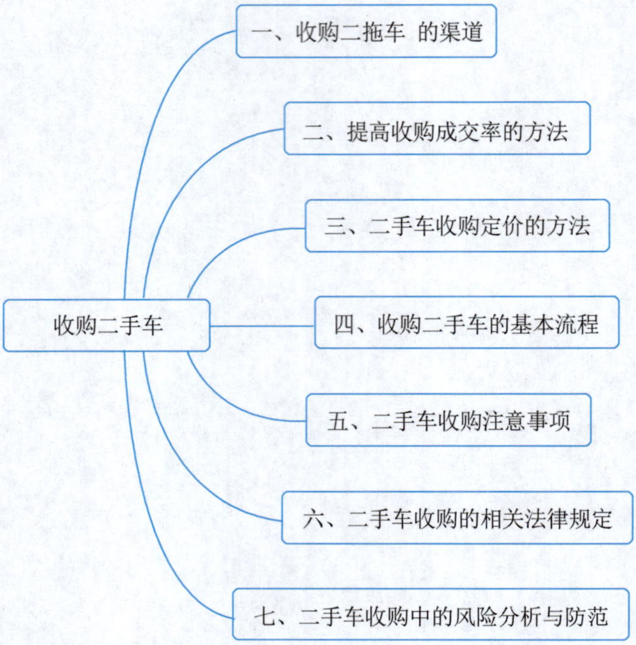

任务　收购二手车

【任务描述】

根据公司工作安排，你作为二手车收购专员，需要完成对指定车辆的收购定价、报价和收购谈判。请按照二手车收购规范的流程和方法，了解二手车收购渠道，完成对车辆收购的谈判，对收购过程中发现的问题如实记录并形成结论性评价。

【任务目标】

素质目标

1.培养学生有序计划、分工协作、团结配合的职业素养。

2.锻炼学生注意观察、勤于动脑思考的习惯。

3.培养学生分析与总结的良好学习习惯。

知识目标

1.了解二手车的收购渠道。

2.掌握二手车收购定价的方法。

3.掌握二手车收购的基本流程。

4.了解二手车收购的注意事项和提高成交率的方法。

5.了解二手车收购的相关法律规定。

能力目标

1.能选择合适的定价方法,准确地对二手车进行收购定价。

2.能按照流程参与二手车收购作业。

【知识准备】

一、收购二手车的渠道

二手车的收购来源就是经营者的生存之源。拓展二手车收购的来源以后,有效提高成交率,才能真正实现有效收购,因此,在二手车收购业务中,如何拓展业务来源以及如何提高成交率是两个最为重要的环节。二手车的车源主要有以下几个渠道:

(1)店面收购。

(2)合作渠道收购。

(3)通过广告收购。

(4)通过二手车网站资源收购。

二、提高收购成交率的方法

提高收购成交率的方法有以下几种:

(1)规范操作,热情服务。

(2)了解客户心理,打消客户的顾虑。

(3)细致熟练地进行车辆检查鉴定。

(4)准确评估,合理定价。

(5)把握成交时机,慎重报价。

三、二手车收购定价的方法

开展二手车收购,需要建立起一个二手车的质量认证和价格评估体系,然后通过该体系对收购车辆进行统一的质量认证和价格评估,进而以适当的价格标准收购符合质量要求的二手车。二手车收购评估有其特定的目的,其评估的方法是在二手车鉴定评估的基础上充分考虑市场的供求关系,以对评估的价格做出快速变现的相应处理。二手车收购定价的方法主要有以下几种:

(一)以现行市价法、重置成本法确定收购价格

首先应用现行市价法或重置成本法计算出旧车的评估值,再根据市场的供求关系估定一个折扣率,并以此确定收购价格。

(二)以清算价格法确定收购价格

如果企业(或个人)由于破产、抵债等原因要求在一定期限内将车辆快速变现,可用此方法确定收购价。具体来说,就是先运用现行市价法估算其正常价值,再根据处置情况和变现要求,乘以一个快速变现系数,最后确定收购价值。

(三)以快速折旧的方法确定收购价

快速折旧的方法是根据二手车的价值,计算折旧额来确定收购价格。车辆的折旧应

根据车辆的价值、使用年限，用所规定的折旧方法计算，对于允许使用的折旧方法，不同的国家有不同的规定，有直线折旧法、快速折旧法等多种方法，我国大多采用直线折旧法。

1.直线折旧法

直线折旧法又称使用年限法或平均折旧法，是指用车辆的原值除以车辆规定使用年限，以求得每年平均计算折旧额的方法，其计算公式为：

$$D_t=\frac{1}{N}(K_0-S_V)$$

式中，D_t为机动车年折旧额，K_0为机动车原值，S_V为机动车残值，N为机动车规定的折旧年限。

2.快速折旧法

在所有的折旧方法中，直线折旧法是应用最广泛的方法。除此之外，部分企业也采用快速折旧法。快速折旧法常用的算法有年份数求和法和余额递减折旧法两种。

(1)年份数求和法。年份数求和法是指每年的折旧额可用车辆原值减去残值的差额乘以一个逐年变化的递减系数来确定的一种方法。

(2)余额递减折旧法。余额递减折旧法是指任何年份的折旧额用现有车辆原值乘以在车辆整个寿命期内恒定的折旧率，接着用车辆原值减去该年折旧额作为新的原值，下一年重复这一做法，直到折旧总额分摊完毕。在余额递减中，所使用的折旧率通常大于直线折旧率，当使用的折旧率为直线折旧率的两倍时，称为双倍余额递减法。

四、收购二手车的基本流程

二手车收购对二手车经营企业而言至关重要，只有收购车辆后，才能进行销售，进而产生利润。收购的二手车如果不能及时获利，就可能会导致亏损。

二手车收购流程如图 7-1 所示。

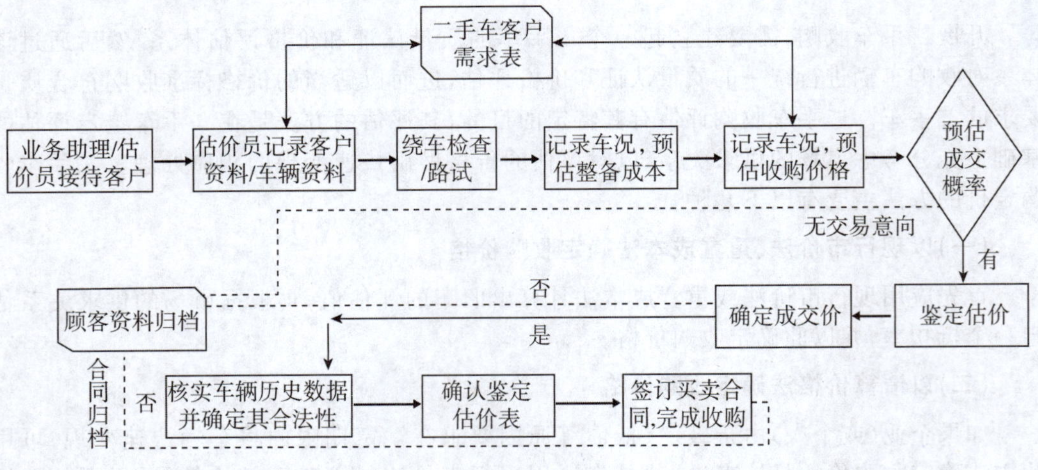

图 7-1　二手车收购流程

对于二手车的收购流程管理，通常还包括车辆的评估、客户回访跟踪、采购入库等一系列流程。

五、二手车收购注意事项

(1)二手车收购要充分考虑车辆的完全价值,即车辆实体的产品价值和车辆牌证、税费等各项手续的价值。

(2)二手车收购既要密切关注市场的微观环境,也要关注宏观环境,即注意国家宏观政策、国家和地方法规的因素变化引致的车辆经济性贬值。

(3)二手车收购后应支出的费用,如保险费、日常保养费、停车费、收购支出的货币利息和其他管理费等。

(4)二手车的收购要防止收购盗抢车、拼装车等非法车辆,也要预防收购伪造手续凭证或伪造车辆档案的车辆。

六、二手车收购的相关法律规定

《二手车交易规范》中规定,二手车流通企业在收购车辆时,应按下列要求进行:

(1)核实卖方身份以及交易车辆的所有权或处置权。

(2)查验交易车辆的合法性。

(3)与卖方商定收购价格,如对车辆技术状况及价格存有异议,经双方商定可委托二手车鉴定评估机构对车辆技术状况及价值进行鉴定评估。

(4)达成车辆收购意向的,签订收购合同,收购合同中应明确收购方享有车辆的处置权。

(5)按收购合同向卖方支付车款。

七、二手车收购中的风险分析与防范

在二手车收购过程中,环境的变化有可能产生机会,也有可能带来风险。二手车收购中的风险是指由于二手车收购环境的变化,给二手车的销售带来的各种损失。收购环境经常会发生变化,因而在二手车收购过程中既充满了机会,同时又会出现许多风险。所以,二手车流通企业要生存与发展,就必须加强收购活动中的风险管理。能否获取期望的利润,关键在于能否有效地控制和降低风险损失。

在二手车收购中的风险防范上,具体可从以下几个方面考虑影响二手车收购的风险因素及其相应的防范措施:新车型的影响、车市频繁降价的影响、折旧加快的影响、排放标准提高的影响、车况优劣的影响、品牌知名度的影响、库存的影响、二手车收购合法性的影响、宏观环境的影响等。

【任务组织】

任务组织的详细安排如表 7-1 所示。

表 7-1　任务组织的详细安排

组织形式	单班授课、分组教学
教学模式	“教、学、做”一体(角色扮演)
学生分组	4～6 组,每组 4～6 人;建议设组长、发言人、记录员、信息员、操作员等

续表

组织形式	单班授课、分组教学
场地	理实一体化教室,网络环境良好,宽敞、整洁;现场灯光照明良好、通风良好
仪器设备	实训车辆、计算机、办公用具、展示白板、二手车鉴定评估仿真系统
教学时间	不少于 2 学时

【任务实施】

活动　模拟二手车收购

活动目标

(1)能依据工作要求,结合实际情况,合作完成二手车模拟收购工作。

(2)能对车辆模拟收购过程和结果进行总结和反思。

(3)培养严谨细致的工作作风和积极沟通的工作习惯。

一、接受任务

根据公司工作安排,你需要根据二手车收购定价的要点,结合本校实训条件,制订以“新希望、新征程”为主题的某品牌二手车收购定价的工作计划,并完成对指定车辆的模拟收购谈判。

二、制定计划

1.分组分工。

请根据工作任务安排,讨论并制定计划,完成小组成员任务分工,找到自己的角色。

□组长　□发言人　□记录员　□信息员　□其他________

2.收集信息。

____

____。

3.计划制定。

作业内容和实施步骤如下:

(1)作业内容:____

____。

(2)实施步骤:____

____。

三、计划实施

1.收购价格计算。

已知某二手车流通企业计划收购一台大众迈腾轿车,其注册登记日期为 2018 年 4 月。该车车况良好,没有发生过事故,技术鉴定分值为 92 分,该车型新车目前的市场行情价为 14.8 万元,残值和维修费用忽略不计。通过调查得知,该二手车流通企业的固定成本费用摊销率为1%，该车的变动成本费用可忽略不计。

为增加客户黏性，本店准备以“新希望、新征程”为主题设计该款二手车收购方案及定价的活动，请根据在本任务中所学的知识，选取收购定价方案并进行收购价格的计算，同时将计算过程及分析过程和结果填写到下方的表格中。

定价方案	
价格计算方法和过程	

2.填写活动信息表。

活动信息	活动人员		记录人员	
	活动时间		活动地点	
	活动分析			
	作业注意事项			
	车辆品牌型号			
活动过程	活动目的			
	活动目标			
	收购定价方法			
	收购价格(元)			
	收购流程			
	谈判过程			
	收购过程中的问题记录			

四、评价反馈

1.请根据自己在任务活动中的实际表现进行自我反思和自我评价。

自我反思	自我评价	存在的问题和解决方案
是否对二手车收购工作流程和基本方法有了充分了解	□是 □否	
是否愿意将自己的理解和建议与小组成员积极沟通和探讨	□是 □否	
小组成员是否都能积极主动地发表自己的意见和建议	□是 □否	
是否认真关注了其他成员的讨论和发言并非常愿意接受其他成员的建议	□是 □否	
是否通过该学习任务获得了经验	□是 □否	
是否可以引导自己所在的小组成员完成任务活动	□是 □否	
是否希望能继续和组内成员合作完成其他学习任务活动	□是 □否	
是否喜欢小组教学活动	□是 □否	

2.小组评价。

评价项目	评价	存在的问题和解决方案
参与度	☆☆☆☆☆	
完成度	☆☆☆☆☆	
贡献度	☆☆☆☆☆	
发言量	☆☆☆☆☆	
沟通交流	☆☆☆☆☆	
异议处理	☆☆☆☆☆	

3.评价标准。

项目	评分标准	分值	得分
接受任务	明确工作任务，理解任务在企业工作中的重要程度	5	
信息收集	完整准确地收集信息	5	
制定计划	按照工作规范及要求，制定合适的行动计划	5	
	能协同小组人员安排任务分工	5	
	能在实施前准备好需要的工具器材	5	

续表

项目	评分标准	分值	得分
计划实施	熟悉收购二手车的渠道,并能简单描述	10	
	了解提高二手车收购成交率的方法,并能简单描述	10	
	掌握二手车收购定价的方法,并能根据选择的方法计算二手车的收购价格	10	
	能制定二手车收购定价的活动方案,并了解活动效果,根据活动的检查结果分析调整将来的计划	15	
	能有针对性地组织开展跟进改善活动,制订改善报告	15	
质量检查	任务完成,操作过程规范,操作结束后能对现场进行整理	5	
评价反馈	能对自身表现情况进行客观评价	5	
	能在任务实施过程中发现自身存在的问题	5	
得分(满分100)			

项目八
销售二手车

二手车销售价格是决定二手车流通企业收入和利润的根本因素。因此，销售二手车时，应充分考虑市场的供求关系，在鉴定评估的基础上确定车辆的价格，同时结合业务状况，充分考虑影响二手车销售定价的诸多因素，制定合理的销售定价策略，以市场营销的理念科学地确定二手车的销售价格，以取得利益的最大化。

【知识架构】

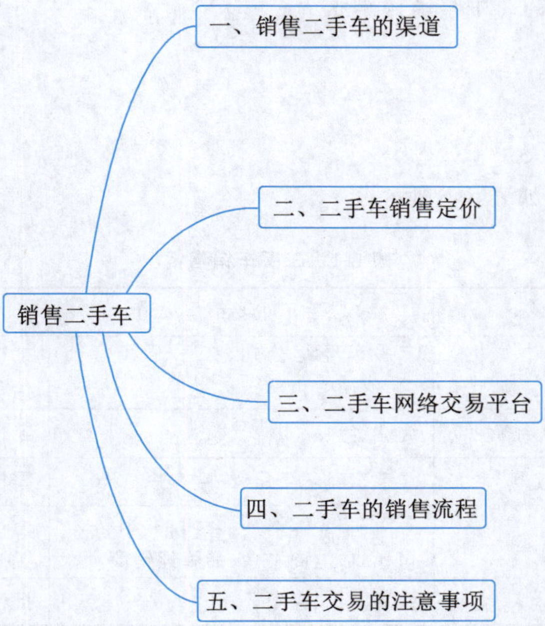

任务　销售二手车

【任务描述】

根据公司工作安排，你作为二手车销售顾问，需要完成对指定车辆的销售工作。请确定车辆销售价格，完成车辆推销洽谈，如实记录销售过程中发现的问题并形成结论性评价。

【任务目标】

素质目标

1.培养学生有序计划、分工协作、团结配合的职业素养。

2.培养学生从客户心理分析出发，换位思考的销售思维。

3.培养学生分析与总结的良好学习习惯。

知识目标

1.了解二手车的销售渠道。

2.掌握二手车销售的基本流程和定价方法。

3.了解二手车销售的注意事项和提高成交率的方法。

能力目标

1.能选择合适的定价方法,准确地对二手车进行销售定价。

2.能按照流程参与二手车销售作业。

【知识准备】

一、销售二手车的渠道

二手车销售情况如表 8-1 所示。

表 8-1　二手车销售情况

二手车卖方类型	二手车主要销售渠道	二手车主要销售模式
品牌经销商或经销商集团	二手车经纪公司、二手车经营公司、终端客户	批售、零售(认证车零售)、拍卖
二手车经纪公司(或个人经营者)	终端客户	零售
二手车经营公司(零售卖场)	二手车经纪公司、终端客户	零售
车主(个人或单位)	二手车经纪公司、二手车拍卖公司、C2C 电商平台、品牌经销商	零售(寄售)、转让、拍卖、置换
品牌电商	终端客户、经纪公司	批售、零售

(一)零售渠道

二手车销售的传统方式就是二手车经纪公司或二手车经营公司等流通企业进行零售。二手车经纪公司大都依存于各地的二手车交易市场,二手车经营公司通常都有独立的卖场和展厅,这两类企业的销售通常以零售为主,主要面向终端客户,二手车市场管理部门有严格的监管制度来约束其经营行为。

(二)批售渠道

品牌经销商和经销商集团有庞大的客户群体和厂家资源优势(如置换补贴措施),能获得较好的二手车车源,其通常通过拍卖的方式将车辆配售给二手车经营公司或二手车经纪公司等中间商。

二、二手车销售定价

在二手车销售经营活动中,销售价格是决定企业收入和利润的因素。车辆的销售价格是二手车市场行情价格的具体反映,如果销售定价偏离了市场行情价格,就会造成车辆的滞销或企业利润的减少甚至亏损。因此,掌握市场行情、准确定价是销售部门最重要的工作,企业必须根据成本、需求、竞争等因素,制订切实可行的价格策略。

为了使定价工作能有效、顺利地进行,保证定价工作的规范化,一般按照以下五个步骤进行定价,如图 8-1 所示。

图 8-1　定价步骤

(一)二手车销售定价的影响因素

二手车销售定价的影响因素包括：

(1)市场需求。

(2)市场竞争情况。

(3)销售的目标客户群体。

(4)销售区域限制。

(5)成本因素。

(二)二手车销售定价的目标

二手车销售定价的目标指的是二手车流通企业通过制定二手车的销售价格，凭借价格产生的效益来达到预期的目的。企业定价的目标主要有以获取利润为目标和以占领市场为目标两大类。

1.以获取利润为目标

利润是评价、分析二手车流通企业营销工作优劣的一项综合性指标，是二手车流通企业最重要的资金来源。以获取利润为目标的基本定价形式主要包括以下三种：

(1)获取预期收益目标。获取预期收益目标指的是二手车流通企业以预期利润(包括预交税金)为定价基点，并以利润加上商品的完全成本构成价格出售商品，从而获取预期收益的一种定价目标。

(2)获取最大利润目标。获取最大利润目标指的是二手车流通企业在一定时期内综合考虑各种因素后，以总收入减去总成本的最大差额作为基点，确定单位商品价格，以取得最大利润的一种定价目标。

(3)获取合理利润目标。获取合理利润目标指的是二手车流通企业在补偿正常情况下的社会平均成本基础上，适当地增加一定的利润作为商品的销售价格，以获取正常情况下合理利润的一种定价目标。

2.以占领市场为目标

以占领市场为目标指的是以市场占有率作为定价目标。所谓“市场占有率”，是指在一定时期内某二手车流通企业的销售量占当地细分市场销售总量的份额。一般来说，市场占有率高则意味着企业的竞争能力较强，说明企业对消费者信息把握得准确、充分。

据相关资料表明，企业利润与市场占有率呈正比关系。因此，提高市场占有率是增加企业利润的有效途径。

二手车流通企业在确定适当的定价目标时，应在综合考虑市场环境、自身实力和经营目标的基础上，将获取利润目标及占领市场目标结合起来，同时兼顾企业的眼前利益和长远利益。

(三)二手车销售定价的方法

二手车销售定价的方法是二手车流通企业为了在细分市场实现定价目标，给产品制定基本价格及浮动范围的技术思路。影响企业定价的最基本因素是成本、需求和竞争，因此也就形成了以成本、需求、竞争为导向的三大基本定价法。

1.成本导向定价法

成本导向定价法可分为三种方法：成本加成定价法、目标收益定价法和边际成本定价法。

2.需求导向定价法

需求导向定价法也称为顾客导向定价法，指的是二手车流通企业依据市场需求状况和消费者的不同反应，分别确定产品价格的一种定价方法。它是以消费者的认知价值、需求强度、对价格的承受能力为依据，以市场占有率、品牌形象、最终利润为目标，真正按照有效需求来制定价格。

需求导向定价法的特点是：平均成本相同的同一产品价格随需求变化而变化，通常是以该产品的历史价格作为基础，根据市场需求变化的情况，在一定的幅度内变动价格，以致同一产品可以按照两种或者两种以上的价格销售。这种差价可以因客户的购买能力、对产品的需求情况、产品的型号和样式、时间、地点等因素的不同而采用不同的形式。

3.竞争导向定价法

竞争导向定价法是二手车流通企业根据市场竞争状况确定商品价格的一种定价方法，是根据企业所处的行业地位和竞争定位而制定价格。

在上述定价方法中，企业要考虑产品成本、市场需求以及竞争形势，研究价格该如何适应这些因素。在实际定价过程中，企业通常只能侧重考虑某一因素，选择某一种定价方法，并通过一定的定价政策对计算结果进行修正。

(四)二手车销售定价的策略

二手车销售定价的策略指的是二手车流通企业根据市场中不同变化因素对二手车价格的影响程度，采用不同的定价方法，制定出适合市场变化的二手车销售价格，进而实现定价目标的企业营销策略。

1.阶段定价策略

阶段定价策略指的是根据产品的市场生命周期各阶段不同的特征制定相应的价格策略。产品的市场生命周期可分为投入期、成长期、成熟期和衰退期。其中，投入期以打开市场为主；成长期以实现预期利润为主；成熟期以保持市场份额、实现利润最大化为主；衰退期以回笼资金为主。

2.心理定价策略

当企业采用成本导向定价法、需求导向定价法或者竞争导向定价法制定出了一个基础价格后，这个价格并不一定能被市场和消费者接受。为了能让价格被消费者接受，而且企业自身也能满意，就应该针对不同的消费心理，对原先制定出的基础价格进行修正。不同的企业有不同的定价目标，不同的消费者群体有不同的消费心理，因此应该有不同的心理定价策略。常见的心理定价策略有尾数定价策略、特殊数字定价策略、梯子定价策略等。

3.折扣定价策略

折扣定价策略指的是对基础价格作出一定的让步，直接或间接降低价格，以鼓励需求、刺激购买、扩大销量，提高企业的经济效益。

4.低价策略

低价策略是指追求市场占有率和企业规模，将价格作为营销的主要手段，牺牲企业自己的利润以实现销量规模的扩大。

5.商誉策略

商誉策略是指企业树立自身在二手车领域内的服务品牌，对所售二手车提供质量担保，以优质高价为经营的手段。

6.批发为主

批发为主是指企业自己不零售，以批发转售为主，企业参照市场行情价制定零售价，同时要制定批售价格和 VIP 价格，体现给客户的优惠。

7.价值链拓展

价值链拓展是指企业提供车辆全价值链的服务，利润点很多，多元化经营，竞争手段多样，议价能力很强，这样制定价格时除了参照市场行情制定出市场零售价之外，更重要的是确定产品组合，客户购买不同的产品组合享有不同的优惠。

8.市场反馈策略

市场反馈策略是根据已有的成交价调整下一辆车的价格的策略。一般情况下，如果车辆定价以后的两三天内即被售出，说明定价可能偏低；倘若长时间内仍未成交，说明定价可能偏高。因此，确定合适的销售周期作为定价参考是非常有必要的。

(五)二手车销售最终价格的确定

二手车流通企业通过上述程序可以制定基本价格，确定价格的范围与变化的途径。为了实现定价目标，二手车流通企业还应考虑国家的价格政策、用户的要求、产品的性价比、品牌价值及服务水平，应用各种灵活的定价策略对基本价格进行调整，同时将价格策略和其他销售策略结合起来，如针对不同消费心理的心理定价和让利促销的各种折扣定价等，以确定具体的最终价格。

三、二手车网络交易平台

传统的二手车产业链在买方和卖方之间的连接渠道主要是线下二手车交易市场、二手车拍卖公司等，而依托网络兴起诞生的各个二手车网络交易平台正在影响传统的二手车产业链。二手车网络交易平台可在线上为购车者提供海量车源，并拥有自己的鉴定评估师团队，从而保证了车源质量；公开透明的车况信息使购车者的选车成本大大降低，提高了二手车交易的效率。目前，二手车网络交易平台(以下简称“平台”)主要有以下几种模式。

(一)B2C 模式

B2C 模式即企业对个人模式，主要有以下两种类型：

1.平台只提供信息服务

二手车流通企业向平台缴纳广告服务费、信息服务费、会员费等费用，然后在平台上发布并展示自己的车源信息和店铺信息以供消费者选购；同时，消费者可在平台上寻找车源或发布购车需求等，如图 8-2 所示。

图 8-2　提供信息服务的 B2C 二手车网络交易平台

2.平台自营车辆

平台通过多种渠道收购车辆，整备后进行销售。

以奥迪为例，奥迪推出了官方认证的二手车在线4S店（见图8-3），它涵盖了二手车完整的业务流程，包括收购、置换（以旧换新、以旧换旧）、检测、评估、整备、翻新、销售、售后质保等各类服务。

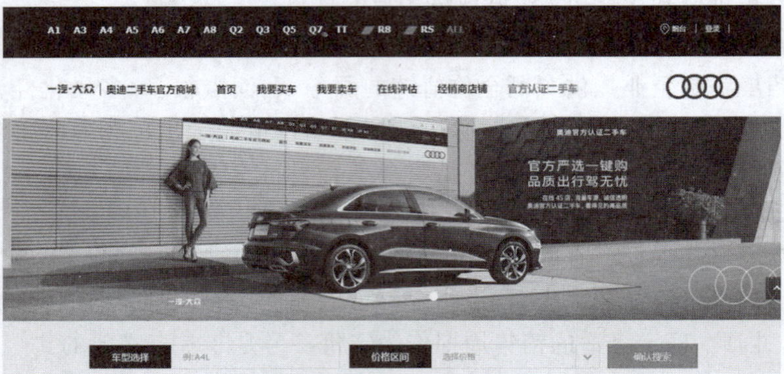

图 8-3 奥迪品牌二手车官方商城

（二）C2C 模式

C2C 模式的核心是去中间商化，让个人和个人之间进行交易。C2C 模式的代表平台有人人车、好车无忧及瓜子二手车等（见图 8-4）。C2C 模式的本质是个人二手车寄售，车主在平台登记车源后可以边开边卖，平台负责寻找买家并提供车况保障（对车辆进行技术鉴定评估）、支付保障等服务，还可以陪同买家看车及协助买家办理相关手续等，以促成双方达成交易。C2C 模式的盈利主要来自买方支付的交易服务费。

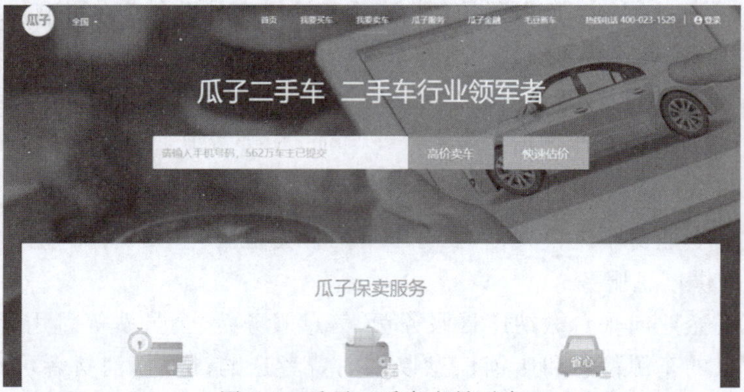

图 8-4 瓜子二手车交易平台

（三）B2B 模式

B2B 模式即企业对企业模式。此模式下，平台为4S店、汽车租赁机构、大型用车企业及二手车流通企业等提供二手车交易服务，促成双方达成交易。其盈利模式与 C2C 模式类似，收入主要来自交易服务费。B2B 模式的代表平台有优信拍、车易拍等（见图8-5）。

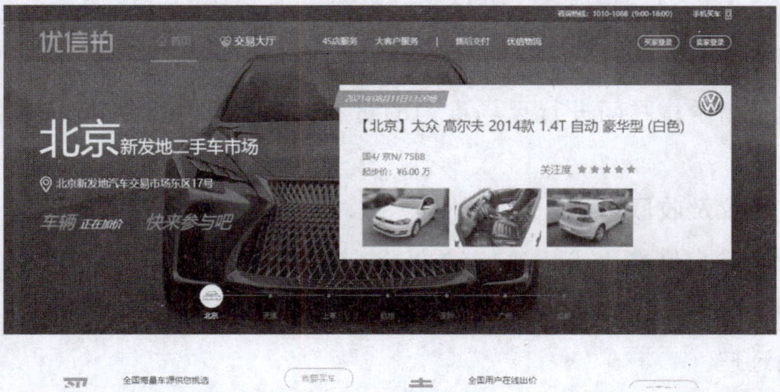

图 8-5　优信拍交易平台

四、二手车的销售流程

二手车的销售流程具体可分为八个步骤，如图 8-6 所示。

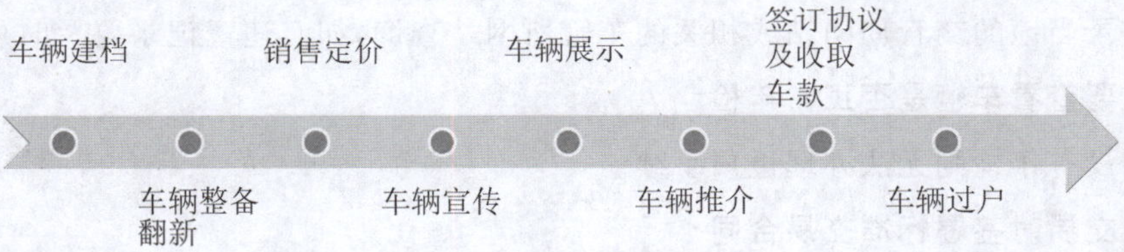

图 8-6　二手车销售流程

(一)车辆建档

收购车辆后，首先要建立管理档案，以便于对车辆进行有效的管理及为日后分析提供准确资料。档案的主要内容包括车辆的基本信息、车辆存放位置、车辆销售报价、车辆费用、销售底价、成交价格、新旧车主基本资料等。在车辆建档的同时，销售顾问可以开展收集和邀约客户等准备工作。

(二)车辆整备翻新

车辆整备翻新环节主要包括车辆故障的检修、外观和内饰的翻新美容，其对提升二手车销售价格非常重要。

(三)销售定价

通常按以下步骤完成销售定价工作：分析定价因素→确定定价目标→选择定价方法→制定定价策略→确定最终价格。

(四)车辆宣传

车辆宣传环节包括媒体展示、车体包装等多种形式，使消费者在线上和线下都能看到被展示的二手车。

(五)车辆展示

车辆在一切准备工作完成之后，进入现场展示环节，根据车辆特点确定展示场地及位置。

(六)车辆推介

车辆推介是指销售顾问进行现场推销的过程,包括客户接洽、产品推荐和商谈价格等环节。

(七)签订协议及收取车款

双方一旦对成交价格达成一致,就进入签订协议环节。为了保障双方的权益,许多地方已经采用了政府提供的协议参考文本。

(八)车辆过户

车辆过户是对车辆产权进行变更的过程,在办理完过户手续以后,双方进行车辆交接,至此,二手车的销售流程结束。

五、二手车交易的注意事项

(一)要查询车辆违章记录

可登录当地的交管局网站或相关的车管所网站查询,如有违章记录要及时处理。

(二)要查看车辆是否正常年检

如果没有年检则无法办理过户手续。

(三)交易时签署标准交易合同

为了保护买卖双方的合法权益,建议双方在交易时签署标准交易合同。

【任务组织】

任务组织的详细安排如表 8-2 所示。

表 8-2　任务组织的详细安排

组织形式	单班授课、分组教学
教学模式	“教、学、做”一体(角色扮演)
学生分组	4～6 组,每组 4～6 人;建议设组长、发言人、记录员、信息员、操作员等
场地	理实一体化教室,网络环境良好,宽敞、整洁;现场灯光照明良好、通风良好
仪器设备	实训车辆、计算机、办公用具、展示白板、二手车鉴定评估仿真系统
教学时间	不少于 2 学时

【任务实施】

活动　模拟二手车销售

活动目标

(1)能依据工作要求,结合实际情况,合作完成二手车模拟销售工作。

(2)能对车辆模拟销售的过程和结果进行总结和反思。

(3)培养严谨细致的工作作风和积极沟通的工作习惯。

一、接受任务

根据公司工作安排,你需要根据二手车销售定价要点,结合本校实训条件,制订以"新希望、新征程"为主题的某品牌二手车销售定价的工作计划,并完成对指定车辆的模拟销售工作。

二、制定计划

1.分组分工。

请根据工作任务安排,讨论并制定计划,完成小组成员任务分工,找到自己的角色。

□组长　□发言人　□记录员　□信息员　□其他________

2.收集信息。

____

____。

3.计划制定。

作业内容和实施步骤如下:

(1)作业内容:____

____。

(2)实施步骤:____

____。

三、计划实施

1.收购价格计算。

已知某二手车流通企业计划销售一台大众迈腾轿车,其注册登记日期为2018年4月。该车车况良好,没有发生过事故,技术鉴定分值为92分,该车型新车目前的市场行情价为14.8万元,残值和维修费用忽略不计。通过调查得知,该二手车流通企业的固定成本费用摊销率为1%,该车的变动成本费用可忽略不计。

为增加客户黏性,本店准备以"新希望、新征程"为主题设计该款二手车销售活动,请根据在本任务中所学的知识,选取销售定价方案并进行销售模拟,同时将模拟销售过程及分析和结果填写到下方的表格中。

定价方案	
价格计算 方法和过程	

2.填写活动信息表。

活动信息	活动人员		记录人员	
	活动时间		活动地点	
	活动分析			
	作业注意事项			
	车辆品牌型号			
活动过程	活动目的			
	活动目标			
	销售定价方法			
	销售价格(元)			
	销售流程			
	销售洽谈过程			
	销售过程中的问题记录			

四、评价反馈

1.请根据自己在任务活动中的实际表现进行自我反思和自我评价。

自我反思	自我评价	存在的问题和解决方案
是否对二手车销售工作流程和基本方法有了充分了解	□是　□否	
是否愿意将自己的理解和建议与小组成员积极沟通和探讨	□是　□否	
小组成员是否都能积极主动地发表自己的意见和建议	□是　□否	
是否认真关注了其他成员的讨论和发言并非常愿意接受其他成员的建议	□是　□否	
是否通过该学习任务获得了经验	□是　□否	
是否可以引导自己所在的小组成员完成任务活动	□是　□否	

续表

自我反思	自我评价	存在的问题和解决方案
是否希望能继续和组内成员合作完成其他学习任务活动	□是　□否	
是否喜欢小组教学活动	□是　□否	

2.小组评价。

评价项目	评价	存在的问题和解决方案
参与度	☆☆☆☆☆	
完成度	☆☆☆☆☆	
贡献度	☆☆☆☆☆	
发言量	☆☆☆☆☆	
沟通交流	☆☆☆☆☆	
异议处理	☆☆☆☆☆	

3.评价标准。

项目	评分标准	分值	得分
接受任务	明确工作任务，理解任务在企业工作中的重要程度	5	
信息收集	完整准确地收集信息	5	
制定计划	按照工作规范及要求，制定合适的行动计划	5	
	能协同小组人员安排任务分工	5	
	能在实施前准备好需要的工具器材	5	
计划实施	熟悉二手车的销售渠道，并能简单描述	10	
	了解提高二手车销售成交率的方法，并能简单描述	10	
	掌握二手车销售定价的方法，并能根据选择的方法计算二手车的销售价格	10	
	能制定二手车销售定价的活动方案，并了解活动效果，根据活动的检查结果分析调整将来的计划	15	
	能有针对性地组织开展跟进改善活动，制订改善报告	15	
质量检查	任务完成，操作过程规范，操作结束后能对现场进行整理	5	
评价反馈	能对自身表现情况进行客观评价	5	
	能在任务实施过程中发现自身存在的问题	5	
得分(满分100)			

项目九 置换和拍卖二手车

二手车置换是将卖旧车和买新车两个过程合并成为一个过程。拥有良好信誉和优质服务的品牌经销商常常能够给参与置换业务的消费者带来信任感和更加透明、安全、便利的服务。

随着我国二手车行业的快速发展，近年来，二手车拍卖业务已成为各大二手车市场、厂家、网站等经营的新生业务。二手车拍卖这种交易方式公开、透明、程序规范，流通效率较高，是一种较理想的二手车交易方式。

【知识架构】

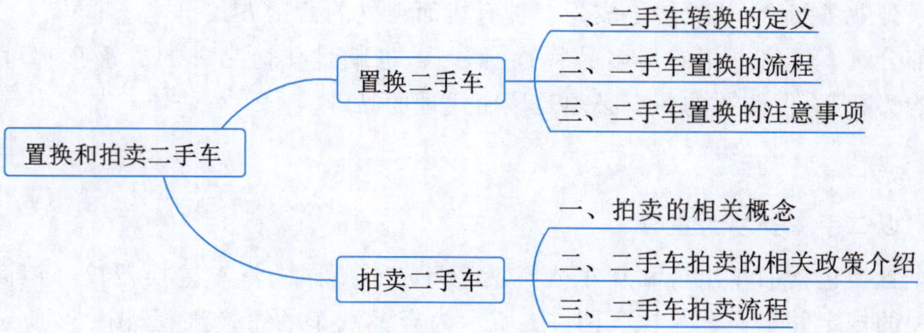

任务一　置换二手车

【任务描述】

根据公司工作安排,你作为某品牌经销商的销售顾问,要接待有置换车辆意向的客户,完成对指定车辆的置换工作。请你按照二手车置换规范的流程和方法,完成对车辆置换的洽谈,对置换过程中发现的问题如实记录并形成结论性评价。

【任务目标】

素质目标

1.培养学生有序计划、分工协作、团结配合的职业素养。

2.培养学生以客户为本的服务意识和沟通表达能力。

3.提升学生的人文素养,培养学生的服务意识和能力。

知识目标

1.了解二手车的置换工作流程和展厅接待流程。

2.掌握二手车置换定价的方法。

3.了解二手车置换的注意事项和提高成交率的方法。

能力目标

1.能选择合适的定价方法,准确地对二手车进行置换定价。

2.能按照流程参与二手车置换作业。

【知识准备】

一、二手车置换的定义

二手车置换即是指汽车置换,其定义有狭义和广义之分。狭义的二手车置换就是以旧换新业务,经销商通过二手车的收购与新车的对等销售获取利益。目前,狭义的二手车置换业务在世界各国都已成为流行的销售方式。广义的二手车置换是指在以旧换新业务的基础上，同时兼容二手车整备、跟踪服务及二手车再销售乃至折抵分期付款等项目的一系列业务组合，从而使之成为一种有机而独立的营销方式。

大部分汽车厂家采用的是多品牌置换方式，也就是任何品牌的二手车都可以到4S店折价购买新车，但购买的新车必须是该店代理的品牌。

二、二手车置换的流程

(一)以二手车交易为主导

汽车置换包括旧车出售和新车购买两个环节。不同的汽车置换授权经销商对汽车置换流程的规定并不完全一样。图9-1所示为奔驰汽车的置换流程，图9-2所示为大众汽车的置换流程。

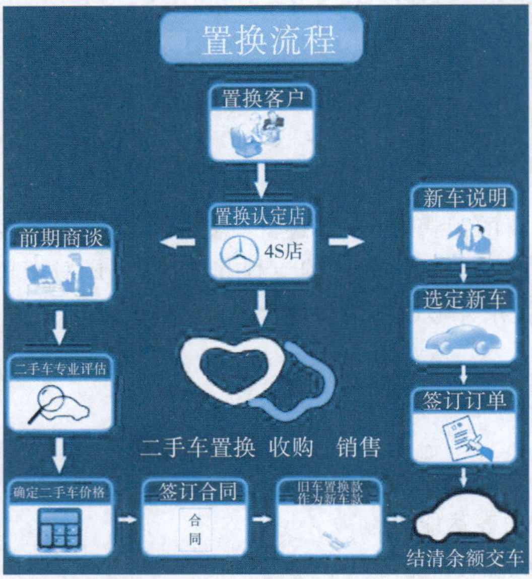

图9-1　奔驰汽车的置换流程

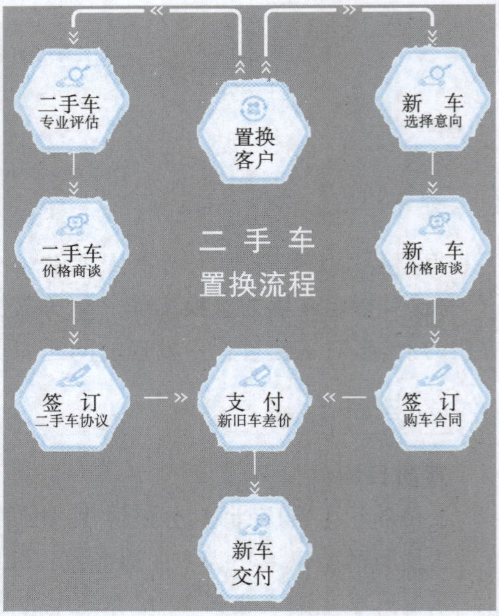

图9-2　大众汽车的置换流程

(二)以新车销售为主导

以新车销售为主导的二手车置换流程为：

(1)客户通过电话或直接到新车销售店中，由新车销售顾问接待，在介绍新车后，由新车销售顾问提示客户是否有二手车需要置换。如果有，则可邀请本公司的二手车鉴定评估师进行二手车鉴定评估定价。

(2)新车销售顾问、二手车鉴定评估师与客户共同议定价格，确定差价，陪同客户选订新车。

(3)签订二手车购销协议以及置换协议。

(4)置换二手车的钱款直接冲抵新车的车款，客户补足新车差价后，办理提车手续，或由二手车置换授权经营商的销售顾问协助在指定的经营商处提取所订车辆，二手车置换授权经销商提供相关服务。

(5)客户如需贷款购买新车，则置换二手车的钱款作为新车的首付款，二手车置换授权经营商为客户办理购车贷款手续，建立提供因汽车消费信贷所产生的资信管理服务，并建立客户的个人资信数据库。

(6)二手车置换授权经营商办理旧车过户手续，客户提供必要的协助和资料。

(7)二手车置换授权经销商为客户提供全程后续服务。

三、二手车置换的注意事项

(1)车辆牌照。新车仍使用原二手车牌照的，经销商代办退牌手续和新车上牌手续；新车上新牌照的，经销商可代办相关手续。

(2)新车需交钱款为新车价格减去旧车评估价格。

(3)贷款置换。如果旧车贷款尚未还清，可由经销商垫付还清贷款，款项计入新车需交钱款；或由贷款人自行还清贷款后交易。

(4)为降低收购风险，定价签约与交车之间的时间间隔不可太久，因为一旦车辆在此期间发生事故或故障，或新车价格、二手车的市场价格发生变动，都将影响最终的置换业务能否完成。

【任务组织】

任务组织的详细安排如表 9-1 所示。

表 9-1　任务组织的详细安排

组织形式	单班授课、分组教学
教学模式	“教、学、做”一体(角色扮演)
学生分组	4～6 组，每组 4～6 人；建议设组长、发言人、记录员、信息员、操作员等
场地	理实一体化教室，网络环境良好，宽敞、整洁；现场灯光照明良好、通风良好
仪器设备	实训车辆、计算机、办公用具、展示白板、二手车鉴定评估仿真系统
教学时间	不少于 2 学时

【任务实施】

活动　模拟二手车置换

活动目标

(1)能依据工作要求，结合实际情况，合作完成二手车模拟置换工作。

(2)能对车辆模拟置换的过程和结果进行总结和反思。

(3)培养严谨细致的工作作风和积极沟通的工作习惯。

一、接受任务

根据公司工作安排，你需要根据二手车置换的工作要点，结合本校实训条件，制订以“新希望、新征程”为主题的某品牌二手车置换工作计划，并完成对指定车辆的模拟置换工作。

二、制定计划

1.分组分工。

请根据工作任务安排，讨论并制定计划，完成小组成员任务分工，找到自己的角色。

□组长　□发言人　□记录员　□信息员　□其他________

2.收集信息。

____

____。

3.计划制定。

作业内容和实施步骤如下：

(1)作业内容：________________________________

____。

(2)实施步骤：________________________________

____。

三、计划实施

1.客户接待过程。

客户来电	探寻客户意向，主动提及置换业务 探寻客户和车辆信息 建立信息记录，转交二手车部门同事
客户到店	与邀约客户到店评估 与二手车部门同事共同跟进 评估接待 车辆检测 销售决策 评估定价 沟通谈判
展厅接待	报价商谈 异议处理 促单成交 签订协议

2.填写活动信息表。

活动信息	活动人员		记录人员	
	活动时间		活动地点	
	活动分析			
	作业注意事项			
	车辆品牌型号			
活动过程	活动目的			
	活动目标			
	销售定价方法			
	销售价格(元)			
	电话接待过程			
	到店评估过程			
	展厅洽谈过程			
	沟通过程中的问题记录			

四、评价反馈

1.请根据自己在任务活动中的实际表现进行自我反思和自我评价。

自我反思	自我评价	存在的问题和解决方案
是否对二手车置换工作流程和基本方法有了充分了解	□是 □否	
是否愿意将自己的理解和建议与小组成员积极沟通和探讨	□是 □否	
小组成员是否都能积极主动地发表自己的意见和建议	□是 □否	
是否认真关注了其他成员的讨论和发言并非常愿意接受其他成员的建议	□是 □否	
是否通过该学习任务获得了经验	□是 □否	
是否可以引导自己所在的小组成员完成任务活动	□是 □否	
是否希望能继续和组内成员合作完成其他学习任务活动	□是 □否	
是否喜欢小组教学活动	□是 □否	

2.小组评价。

评价项目	评价	存在的问题和解决方案
参与度	☆☆☆☆☆	
完成度	☆☆☆☆☆	
贡献度	☆☆☆☆☆	
发言量	☆☆☆☆☆	
沟通交流	☆☆☆☆☆	
异议处理	☆☆☆☆☆	

3.评价标准。

项目	评分标准	分值	得分
接受任务	明确工作任务，理解任务在企业工作中的重要程度	5	
信息收集	完整准确地收集车源信息	5	
制定计划	按照工作规范及要求，制定合适的行动计划	5	
	能协同小组人员安排任务分工	5	
	能在实施前准备好需要的工具器材	5	

续表

项目	评分标准	分值	得分
计划实施	熟悉二手车的销售置换业务,并能简单描述业务接待流程	10	
	了解提高二手车置换成交率的方法,并能简单描述	10	
	掌握二手车置换销售的方法,并能根据情况进行评估定价	10	
	能与客户展开沟通谈判,进行报价商谈、异议处理	10	
	能制定二手车置换的活动计划,并了解活动效果,根据活动的检查结果分析调整将来的计划	10	
	能有针对性地组织开展跟进改善活动,制订改善报告	10	
质量检查	任务完成,操作过程规范,操作结束后能对现场进行整理	5	
评价反馈	能对自身表现情况进行客观评价	5	
	能在任务实施过程中发现自身存在的问题	5	
得分(满分 100)			

任务二　拍卖二手车

【任务描述】

根据公司工作安排,你作为二手车拍卖师,需要完成对指定车辆的拍卖工作。请按照二手车拍卖规范的流程和方法,模拟完成对车辆的拍卖流程,对拍卖过程中发现的问题如实记录并形成结论性评价。

【任务目标】

素质目标

1.培养学生有序计划、分工协作、团结配合的职业素养。

2.锻炼学生注意观察、勤于动脑和善于思考的习惯。

3.提高学生的人文素养和一专多能的职业素养。

知识目标

1.了解二手车的拍卖工作流程和二手车的拍卖接待流程。

2.了解二手车拍卖的相关政策和所需材料。

3.了解二手车拍卖的注意事项和提高成交率的方法。

能力目标

能按照流程参与二手车拍卖作业。

【知识准备】

受汽车产销区域消费差异的影响，目前国内二手车市场存在严重的供需不均情况。近年来，国家在全国范围内加大力度推进全面取消二手车限迁政策，这大大方便了二手车跨区域交易。二手车跨区域交易除了可以更好地匹配供需双方外，还可以加速二手车流通。拍卖模式在一定程度上起着桥梁的作用，可以连接分散在全国的个人车主和零散经营的全国经销商，车商可在平台获取车源，数量充足，选择丰富，服务方便。对于个人用户而言，面向全国专业买家的拍卖可以享受到跨区域溢价，多卖20%以上；而对于二手车流通商而言，也同样可以赚取跨区域利润，跨区域交易除去物流等成本外，二手车利润率有可能达到8%～10%。

通过二手车拍卖行业的发展，二手车交易产业链布局已经更加成熟，这加速了交易效率，推动了二手车在全国范围内的跨区域流通。

一、拍卖的相关概念

拍卖是常见的车辆交易方式，这种交易方式公开、透明、程序规范，是一种理想的二手车交易方式。二手车拍卖是指二手车拍卖企业以公开竞价的形式将客户委托的二手车转让给最高应价者的经营活动。相比其他的交易形式，二手车拍卖具有成交快、交易成本低、节省人力、成交价接近市场真实价格等特点。

拍卖的相关概念如下：

(1)委托人。委托人是指委托拍卖人拍卖物品或财产权利的公民、法人或其他组织。

(2)拍卖人。拍卖人是指依照《中华人民共和国拍卖法》和《中华人民共和国公司法》设立的从事拍卖活动的企业法人拍卖人(即拍卖公司)，其在法律关系中的地位是受委托人，其行为应符合《中华人民共和国合同法》和《中华人民共和国拍卖法》的规则。

(3)竞买人。竞买人是指参加竞购标的的公民、法人或其他组织。法律、行政法规对拍卖标的的买卖条件是有规定的，竞买人应具备规定的条件。竞买人可自行参加竞买，也可以委托其代理人参加竞买。竞买人有权了解拍卖标的的瑕疵，有权查验拍卖标的并查阅有关拍卖资料。竞买人一经应价，不得撤回，当其他竞买人有更高应价时，其应价即丧失约束力。竞买人之间、竞买人与拍卖人之间不得恶意串通，损害他人利益。

(4)买受人。买受人是指以最高应价购得拍卖标的的竞买人。买受人应当按照约定支付拍卖标的的价款，未按照约定支付价款的，应当承担违约责任。买受人未能按照约定取得拍卖标的的，有权要求拍卖人或者委托人承担违约责任。买受人未按约定受领拍卖标的的，应当支付由此产生的保管费用。

(5)底价。底价是指拍卖标的的最低价格，如果底价低于这一价格则拍卖标的不予出售。底价应当由委托人提出。

(6)起拍价。起拍价是指拍卖时就某一标的开始拍卖时第一次报出的价格。起拍价可以低于底价，也可以高出底价，因此底价与起拍价两者属于两种不同的价格现象。

二、二手车拍卖的相关政策介绍

(一)二手车流通管理办法

1.拍卖政策与规定

《二手车流通管理办法》第二十三条规定,下列车辆禁止经销、买卖、拍卖和经纪:已报废或达到国家强制报废标准的车辆;在抵押期间或未经海关批准交易的海关监管车辆;在人民法院、人民检察院、行政执法部门依法查封、扣押期间的车辆;通过盗窃、抢劫、诈骗等违法犯罪手段获得的车辆;发动机号码、车辆识别代号或车架号码与登记号码不相符,或有凿改迹象的车辆;走私、非法拼(组)装的车辆;不具有第二十二条所列证明、凭证的车辆;在本行政辖区以外的公安机关交通管理部门注册登记的车辆;国家法律、行政法规禁止经营的车辆。

2.统一发票的规定

《二手车流通管理办法》第二十四条规定,二手车经销企业销售、拍卖企业拍卖二手车时,应当按规定向买方开具税务机关监制的统一发票。

(二)二手车交易规范

依据《二手车流通管理办法》,为便于操作,《二手车交易规范》中对拍卖的操作规程作了细化,要求从事二手车拍卖及相关中介服务活动应按照《中华人民共和国拍卖法》及《拍卖管理办法》的有关规定进行。

三、二手车拍卖流程

(一)拍卖流程

二手车拍卖流程没有统一的标准,但拍卖业务应由拍卖师、估价师和有关业务人员的业务活动组成,这样才能完成相关拍卖业务。

二手车委托拍卖流程如图 9-3 所示,二手车拍卖竞买流程如图 9-4 所示。

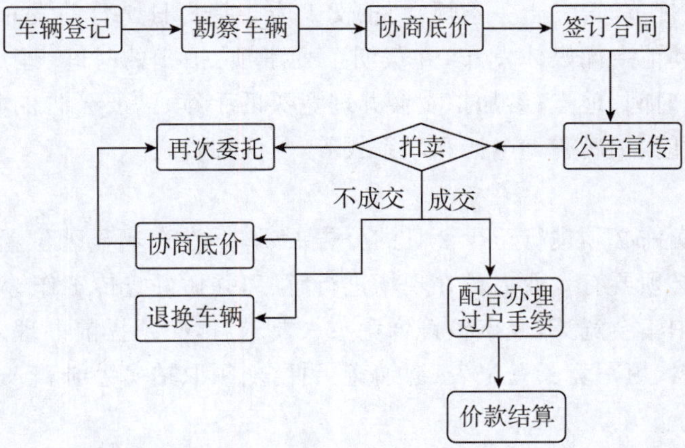

图 9-3　二手车委托拍卖流程

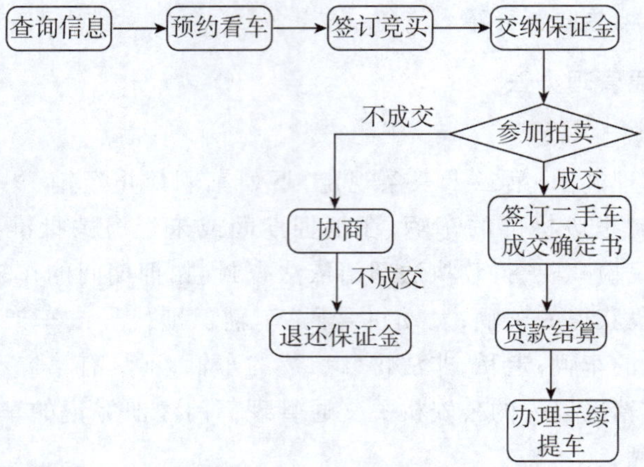

图 9-4　二手车拍卖竞买流程

1.接受委托

(1)审查车辆来源的合法性。

(2)审查车辆的处置权。

(3)审查车辆的手续、证照及缴纳的各种税费是否齐全。

(4)对车辆进行静态和动态检查。

(5)确定委托保留价(即拍卖底价)。

车辆经过检查,确定符合拍卖条件后,由评估师、拍卖师和委托人三方根据当前市场行情确定拍卖价,但是底价不作为成交价。

2.签订机动车委托拍卖合同

检查工作完成后,拍卖人如果决定接受委托人的拍卖委托,应与委托人签订机动车委托拍卖合同,一式两份,需要补充说明的应提前声明,一经确认,不得毁改。

3.机动车拍卖公告的发布

《二手车交易规范》第三十一条规定,拍卖人应于拍卖日 7 日前发布公告。拍卖公告应通过报纸或者其他新闻媒体发布,并载明下列事项:拍卖的时间、地点;拍卖的车型及数量;车辆的展示时间、地点;参加拍卖会办理竞买的手续;需要公告的其他事项,如号牌号码、初次登记时间、拍卖咨询电话和联系人等,并详细告之。

4.车辆展示

在机动车拍卖前必须进行至少 2 日的公告展示,并在车辆显著位置张贴拍卖车辆信息。在展示期间必须要有专业人员在现场进行解答,并做好宣传工作。

如有意参加拍卖会竞买,经审核符合竞买人要求者,必须提前办理入场手续,如交验竞买人的个人资料、填写竞买登记表、缴纳竞买押金、领取拍卖手册和入场号牌等。

5.拍卖实施

在拍卖实施当天,竞买人经工作人员审查确认后,方可提前半小时进入会场。拍卖方法可根据车辆情况及竞买人到场情况,以有声增价拍卖的方式进行,但最后的成交价不得低于委托人的底价。拍卖成交后,以拍卖人的“成交确认书”作为交易市场开具交易发票的价格依据。

6.收费

(1)拍卖成交后，拍卖人收取委托人和买受人一定的佣金（收费标准按成交价的百分比确定，一般为双方各5%）并开具拍卖发票。

(2)拍卖车辆在整个拍卖活动中发生的相关费用由委托人和买受人双方分别承担（以成交确认作为界定，成交前由委托人承担，成交后由买受人承担）。

7.过户手续办理及车辆移交

机动车拍卖成交后，买受人和拍卖人应签署二手车拍卖成交确认书，办理车辆过户手续；在买受人付清全部车款后，方可填写机动车拍卖车辆移交清单，办理车辆移交手续。移交方式（含办理过户、转出、转入等相关手续）由委托人、买受人和拍卖人具体商议决定。

(二)拍卖所需材料

1.二手车委托拍卖所需材料

车辆行驶证、购置证、车船税证、车辆所有人证件（个人为身份证、户口本，企事业单位为企事业单位代码证）。

2.二手车参加竞买所需材料

竞买人身份证明（个人为身份证，企事业单位为企事业单位代码证）和保证金（按每次拍卖会规定的标准交付）。拍卖人接受委托的，应与委托人签订委托拍卖合同。

《二手车交易规范》第三十条规定，委托人应提供车辆真实的技术状况，拍卖人应如实填写《拍卖车辆信息》。如对车辆的技术状况存有异议，拍卖委托双方经商定可委托二手车鉴定评估机构对车辆进行鉴定评估。

【任务组织】

任务组织的详细安排如表9-2所示。

表9-2　任务组织的详细安排

组织形式	单班授课、分组教学
教学模式	“教、学、做”一体（角色扮演）
学生分组	4～6组，每组4～6人；建议设组长、发言人、记录员、信息员、操作员等
场地	理实一体化教室，网络环境良好，宽敞、整洁；现场灯光照明良好、通风良好
仪器设备	实训车辆、计算机、办公用具、展示白板、二手车鉴定评估仿真系统
教学时间	不少于2学时

【任务实施】

活动　模拟二手车拍卖

活动目标

(1)能依据工作要求，结合实际情况，合作完成二手车模拟拍卖工作。

(2)能对车辆模拟拍卖的过程和结果进行总结和反思。

(3)培养严谨细致的工作作风和积极沟通的工作习惯。

一、接受任务

根据公司工作安排,你需要根据二手车拍卖工作的特点,结合本校实训条件,制订以“新希望、新征程”为主题的二手车拍卖工作计划,并完成对指定车辆的模拟拍卖工作。

二、制定计划

1.分组分工。

请根据工作任务安排,讨论并制定计划,完成小组成员任务分工,找到自己的角色。

□组长　　□发言人　　□记录员　　□信息员　　□其他________

2.收集信息。

____

____。

3.计划制定。

作业内容和实施步骤如下:

(1)作业内容:____

____。

(2)实施步骤:____

____。

三、计划实施

1.客户接待过程。

客户来电	探寻客户和车辆信息 建立信息记录,转交评估部门同事
验车评估	预约评估 评估接待 评估定价商讨,确定拍卖保底价 签订拍卖委托合同
拍卖接待	预约时间,指定地点,交接车辆和证件 发布拍卖公告,宣传,预展,接待买家看车 拍卖实施,车主现场监拍 拍卖成交,签订协议 拍卖未成交,由客户选择继续拍卖、收购或领回车辆

2.填写活动信息表。

<table>
<tr><td rowspan="5">活动信息</td><td>活动人员</td><td></td><td>记录人员</td><td></td></tr>
<tr><td>活动时间</td><td></td><td>活动地点</td><td></td></tr>
<tr><td>活动分析</td><td colspan="3"></td></tr>
<tr><td>作业注意事项</td><td colspan="3"></td></tr>
<tr><td>车辆品牌型号</td><td colspan="3"></td></tr>
<tr><td rowspan="9">活动过程</td><td>活动目的</td><td colspan="3"></td></tr>
<tr><td>活动目标</td><td colspan="3"></td></tr>
<tr><td>销售定价方法</td><td colspan="3"></td></tr>
<tr><td>销售价格(元)</td><td colspan="3"></td></tr>
<tr><td>电话接待过程</td><td colspan="3"></td></tr>
<tr><td>到店评估过程</td><td colspan="3"></td></tr>
<tr><td>拍卖过程</td><td colspan="3"></td></tr>
<tr><td>工作过程中的问题记录</td><td colspan="3"></td></tr>
<tr><td>附:线下拍卖买车流程</td><td colspan="3">①查看车辆清单,了解车辆信息
②实地看车,了解车况
③缴纳保证金,领取拍卖号牌
④举牌出价,价高者得
⑤未成交的,全额退还保证金
⑥交齐车款、佣金、过户费用,办理过户提档手续,交接车辆</td></tr>
</table>

四、评价反馈

1.请根据自己在任务活动中的实际表现进行自我反思和自我评价。

自我反思	自我评价	存在的问题和解决方案
是否对二手车拍卖工作流程和基本方法有了充分了解	□是　□否	
是否愿意将自己的理解和建议与小组成员积极沟通和探讨	□是　□否	
小组成员是否都能积极主动地发表自己的意见和建议	□是　□否	
是否认真关注了其他成员的讨论和发言并非常愿意接受其他成员的建议	□是　□否	
是否通过该学习任务获得了经验	□是　□否	
是否可以引导自己所在的小组成员完成任务活动	□是　□否	
是否希望能继续和组内成员合作完成其他学习任务活动	□是　□否	
是否喜欢小组教学活动	□是　□否	

2.小组评价。

评价项目	评价	存在的问题和解决方案
参与度	☆☆☆☆☆	
完成度	☆☆☆☆☆	
贡献度	☆☆☆☆☆	
发言量	☆☆☆☆☆	
沟通交流	☆☆☆☆☆	
异议处理	☆☆☆☆☆	

3.评价标准。

项目	评分标准	分值	得分
接受任务	明确工作任务，理解任务在企业工作中的重要程度	5	
信息收集	完整准确地收集车源信息	5	
	按照工作规范及要求，制定合适的行动计划	5	
制定计划	能协同小组人员安排任务分工	5	
	能在实施前准备好需要的工具器材	5	

续表

项目	评分标准	分值	得分
计划实施	熟悉二手车的拍卖业务，并能简单描述业务流程	10	
	了解提高二手车拍卖成交率的方法，并能简单描述	10	
	掌握二手车拍卖的方法	10	
	能与客户展开沟通商谈、异议处理	10	
	能制定二手车拍卖的活动计划，并了解活动效果，根据活动的检查结果分析调整将来的计划	10	
	能有针对性地组织开展跟进改善活动，制订改善报告	10	
质量检查	任务完成，操作过程规范，操作结束后能对现场进行整理	5	
评价反馈	能对自身表现情况进行客观评价	5	
	能在任务实施过程中发现自身存在的问题	5	
得分(满分100)			

【知识拓展】

《二手车委托拍卖合同》模板

编号：WF-2021-7-6

使用说明

一、本合同文本是依据《中华人民共和国拍卖法》《中华人民共和国合同法》《二手车流通管理办法》等有关法律、法规制定的示范文本，供当事人约定使用。

二、本合同所称的委托拍卖人，是指以竞卖方式出卖二手车的当事人。受托人是指受二手车所有人的委托，拍卖二手车的拍卖人。拍卖人是指具有法定拍卖资格的拍卖公司。拍卖人组织二手车拍卖时，对委托拍卖的二手车的所有权、处置权及车况等情况要负责核实，并按拍卖法和拍卖管理办法规定的程序进行，否则属违规拍卖而不具有法律效力。拍卖成交后，买受人和拍卖人应当签署成交确认书。

三、委托拍卖人必须拥有标的物的所有权或处置权。属国有资产的应当按国家有关规定进行鉴定评估，并持有本单位或上级单位出具的资产处理证明。委托拍卖人应向受托人提供车辆的使用、修理、事故、检验以及是否办理抵押登记、海关监管、交纳税费期限、使用期限等真实情况和信息。

受托人在签订本合同前，应当仔细了解、查验二手车的车况、有关车辆的证明文件及了解各项服务内容等。

本合同在拍卖车辆达两辆以上时，只需增加附件。

本合同有关条款下均有空白项，供当事人自行约定。

委托拍卖人(以下简称甲方)：________________

受托人(以下简称乙方)：________________

第一条 目的

为完成二手车拍卖事项，双方在自愿、平等和协商一致的基础上签订本合同。

第二条 当事人及委托拍卖车辆情况

(一)甲方基本情况：

1.单位代码证号：

法定代表人________________

经办人身份证号码：

单位地址________________

邮政编码________________

联系电话________________

2.自然人身份证号码：

现居住地址________________

邮政编码________________

联系电话________________

(二)乙方基本情况：

拍卖师姓名________________

拍卖师证书号：

拍卖师身份证号：

法定代表人________________

单位地址________________

邮政编码________________

联系电话________________

第三条 车辆价款

本车估价为人民币________元(大写________元)，底价为人民币__________元(大写________元)，其中包含________等款项。

第四条 拍卖车辆交接方式

(一)车辆在拍卖完成前，选择以下第(　　)项方式保管：

1.继续由甲方保管。

2.交由乙方保管。

3.交由第三方代为保管(车辆应存放于第三方指定地点，并由第三方和甲、乙双方查验认可)。

(二)交付方式：甲方需乙方保管的应于______年______月______日前将标的物交付乙方，交付地点：________________，交付方式：____________，因交付拍卖物所产生的费用________元，由________承担。拍卖物交付后，乙方应妥善保管，并应将拍卖物的变动情况及时通知甲方。

钱款所指费用包括：甲方向乙方交付拍卖标的物后，乙方对拍卖标的物评估、广告宣传、仓储保管、运输、保险、修理费，以及双方协商确定的其他费用。

(三)甲方应于本合同签订后________日内，将本车办理(过户□/转籍□)手续所需

的有关证件原件及复印件交付给乙方(做好签收手续),具体文件有:

1.身份证明。

2.机动车产权登记证书。

3.机动车行驶证。

4.车辆年检证明。

5.车辆购置附加费凭证。

6.车船使用税缴付证明。

7.车辆保险单。

8.其他资料。

第五条 拍卖方式:( ):

[1]估低价拍卖 [2]估高价拍卖 [3]无估价拍卖 [4]标卖

第六条 拍卖期限:____年____月____日至____年____月____日。

(一)乙方承诺于________年________月________日前,在________举行拍卖会,对委托拍卖标的物进行拍卖。

(二)拍卖未成交

在约定的拍卖期限内拍卖标的没有成交,或者由于买受人违约不提取标的,甲方和乙方可以( );

[1]再次拍卖 [2]续签合同 [3]解除合同

第七条 拍卖标的撤回或撤除

在本合同生效后拍卖开始前,甲方撤回委托拍卖标的,应向乙方支付的费用由双方约定。乙方在拍卖前,对拍卖标的经了解核实或者鉴定以后有足够证据证明不宜拍卖的,可以撤除该标的并不再拍卖。拍卖标的撤除后,甲方应向乙方支付本条第四款约定的费用。

第八条 佣金数额、支付期限、方式

本车成交的佣金为人民币______元(大写______元)。

自本合同签订之日起________日内,甲方按佣金的______%支付给乙方。自拍卖成交之日起________日内付清余款。

支付方式:

第九条 权利义务

(一)甲方承诺拍卖车辆不存在任何权属上的法律问题和尚未处理完毕的道路交通安全违法行为或者交通事故;应提供车辆的使用、修理、事故、检验以及是否办理抵押登记、海关监管、交纳税费期限、使用期限等真实情况和信息。

(二)乙方应向甲方出示营业执照、拍卖师证书等有效证件,收取委托方的各项款项后应分别出具收款凭证。

(三)乙方未经甲方同意不得转委托;并为甲方保守商业秘密。乙方不得采取欺诈、胁迫和恶意串通等手段促成交易。

(四)双方应在约定的时间内提供各类证明、证件并确保真实有效。

(五)乙方应对拍卖物的底价保密,不得委托或代理他人参加竞价;亦不得委托他人

进行拍卖。

(六)乙方对其占管的拍卖物负责,并应将拍卖物的变动情况及时通知甲方;确定因乙方的过错而造成拍卖物损失的,由乙方负赔偿责任。

(七)拍卖过程结束,乙方在收齐全部应收款项后,应于7日内通过其银行账户,将拍卖所得价金一次全部付给甲方,不得延误。

(八)拍卖成交后,由乙方按成交价金开给竞买人发票或符合税务机关规定的收据。

第十条　违约责任

(一)乙方违反本合同未按合同约定支付的,应按延期天数向甲方支付违约金每天人民币______元。

(二)甲方延期交付的应按延期天数向乙方支付违约金每天人民币______元。

(三)违反本合同第九条第一款,乙方有权解除本合同,甲方应无条件接受退回的车辆并退回乙方全部价款,赔偿乙方相应的损失。

(四)违反本合同第九条第四款,守约方有权解除本合同,违约方赔偿相应损失。

(五)在本合同生效后拍卖开始之前,甲方撤回委托拍卖物的,应征得乙方同意,偿付为拍卖支出的合理费用;无故撤回委托拍卖物的,应向乙方支付拍卖物保留价的______%的违约金。

(六)乙方违反合同约定泄露拍卖标的物保留价的,应向甲方支付按拍卖物保留价的______的违约金。

(七)乙方由于对拍卖物保管不善或擅自使用造成拍卖标的损坏,由双方按损坏程度协商解决;丢失的,乙方应按拍卖物保留价负责赔偿。

(八)____

第十一条　争议解决方式

因本合同发生的争议,由当事人协商解决,或向有关行业组织及消费者协会申请调解。当事人不愿协商、调解,或协商、调解不成的,按下列第______种方式解决:

(一)向____________仲裁委员会申请仲裁。

(二)向人民法院起诉。

第十二条　其他

1.本合同未约定的事项,按照《中华人民共和国拍卖法》《中华人民共和国合同法》《二手车流通管理办法》以及有关的法律、法规执行。

2.本合同经各方当事人签字或盖章后生效。本合同一式两份,具有同等法律效力。

附件:拍卖车辆基本情况

甲方(签章):____________	乙方(签章):____________
法定代表人(签章):____________	营业执照注册号:____________
经办人:____________	法定代表人(签章):____________
开户银行:____________	拍卖师(签名):____________
账号:____________	拍卖师证书号:____________
签约时间:_____年_____月_____日	账号:____________
	签约时间:_____年_____月_____日
签约地点:____________	

项目十

整备和过户二手车

二手车整备可以提高车辆的价值，二手车通过整备，可降低车辆在售后出现故障的概率，这也是二手车行业向标准化、专业化发展的体现。二手车整备除了故障维修整备以外，主要是对车辆的外观及内饰进行翻新、清洁与装饰。

二手车过户是车辆产权的变更，是二手车交易过程中必不可少的重要环节。办理二手车转移登记可以从法律上完成车辆所有权的转移，保障车辆来源的合法性，同时明确了买卖双方与车辆相关的责任划分，确保了交易双方的合法权益。

【知识架构】

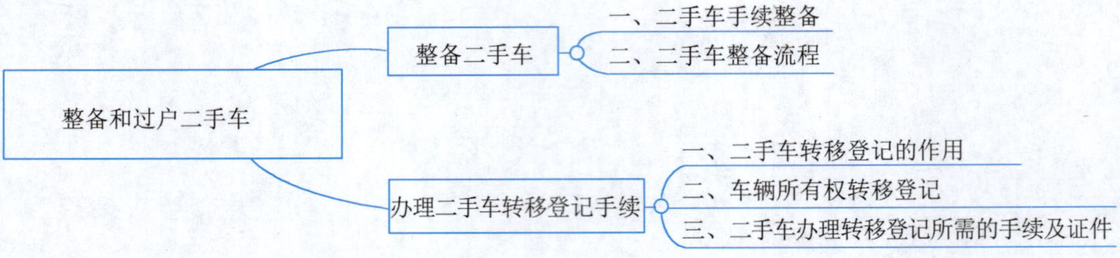

任务一　整备二手车

【任务描述】

根据公司工作安排，你作为二手车整备技师，需要完成对指定车辆的整备工作。请按照二手车规范的整备流程和方法，完成对指定车辆的整备工作，对整备过程中发现的问题如实记录并形成结论性评价。

【任务目标】

素质目标

1.培养有序计划、分工协作、团结配合的职业素养。

2.锻炼勤于动脑和善于思考的习惯。

3.培养学生以客户为本的服务意识。

4.提升人文素养，培养沟通表达说服能力和为客户服务的能力。

知识目标

1.了解二手车整备的标准流程。

2.了解二手车整备的标准操作方法。

3.了解二手车整备的注意事项。

能力目标

能按照流程参与二手车整备作业。

【知识准备】

由于车辆整备可以提高二手车的价值，因此在车辆出售之前，通常都需要经过必要的整备流程。二手车整备工作是一个标准化、专业化的过程，涉及评估师、整备技师、机电维修技师、钣喷维修技师等岗位的工作和备件，以及洗、美、装等部门的配合。二手车翻新整备良好的标准不仅是指其外观，还包括车辆无瑕疵的技术状况。如果漆面有轻微的划痕、车身轻微凹陷、内饰异味、内饰和皮革的污垢和破损以及挡风玻璃的裂痕，都可以通过专业的整备进行处理。越来越多的二手车经营企业意识到了整备环节的重要性，会聘请专业整备师或将整备业务外包给专业的车辆整备公司，车辆的整备成本主要取决于所需整备的范围、车辆脏污程度和车辆故障的大小。对于消费者来讲，购买经过专业整备的二手车既省时又省力，减少了客户后续的维修费用和时间成本。

一、二手车手续整备

（一）二手车交易文件

（1）车牌号。

（2）机动车所有人身份证/组织机构代码证。

（3）机动车登记证。

（4）机动车行驶证。

（5）机动车来历凭证。

（6）车船使用税凭证。

（7）保险。

（8）保修手册。

（9）购置税费证。

（10）机动车定期检验表。

（二）二手车手续整备流程

行驶本、登记证、发票、购置税本、保单等手续如有缺失，应先进行手续补办；年检有效期到期的进行车辆审验；最后检查违章信息，如有违章的情况要先行处理。

二、二手车整备流程

（一）二手车整备注意事项

（1）二手车的整备/翻新业务是区别于传统的维修保养的。

（2）二手车的整备/翻新业务要防止整备过度和整备不足。

（3）二手车的整备/翻新业务要尽量压缩整备/翻新时间，二手车的库存时间过长会严重影响二手车的利润。使车辆尽快达到在售状态是有效降低车辆库存风险的有效方法之一。

（4）不要在二手车整备/翻新过程中造假欺骗客户，但要能辨别出整备/翻新过程的造假手段。

（二）二手车整备工作流程

1.接车和整备前检查

评估师要对车辆进行初步审核，检验车辆证件、车主信息、保险信息以及车辆基本状况，对于符合标准的车辆进行登记入库。依据评估报告表确认维修项目，对整修任务进行分工。

2.进行整备施工

依整备规范，依次进行维修整备和外观整备，预估上架日期和整修费用，并进行追踪管控。整备过程中如发现有需要追加的整备项目，需进行追加项目的确认与安排。整备施工流程如图 10-1 所示。

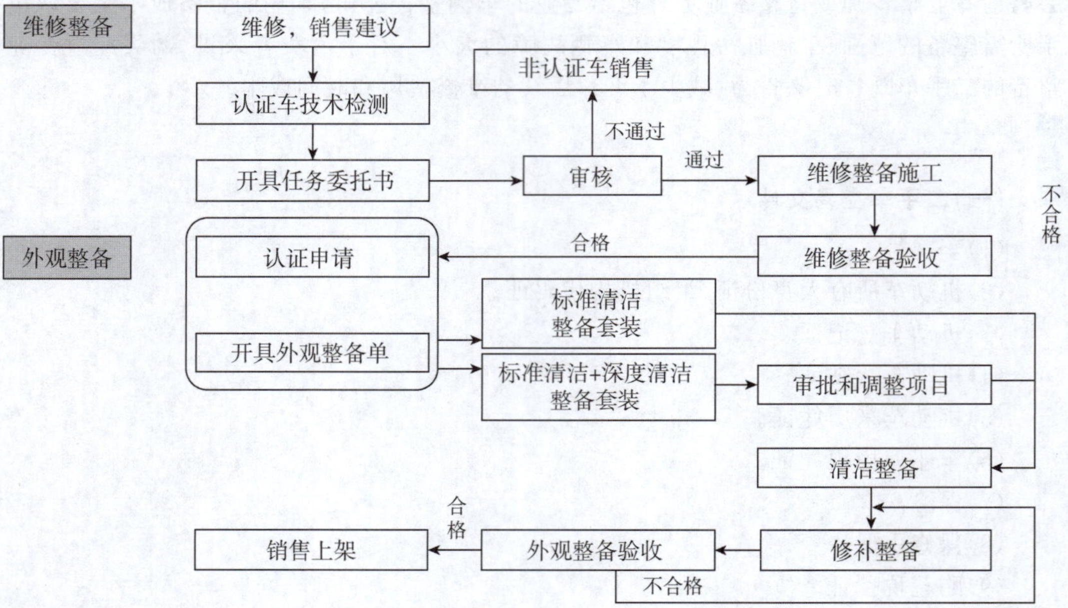

图 10-1　整备施工流程

进行整备如图 10-2 所示，整备追加如图 10-3 所示。

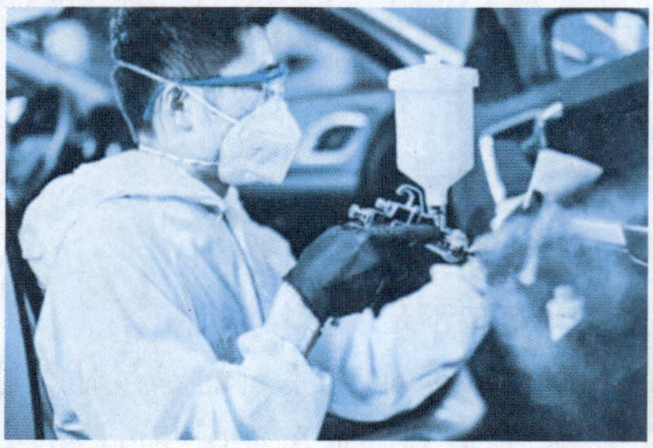

图 10-2　进行整备

图 10-3　整备追加

3.上架前确认(终检)

整备过后，再次依据制定的维修项目对车辆整体进行检查，看是否达到要求。进行车辆性能测试，审核维修单据，依整备项目规范做最终检查。

4.上架销售

终检合格，确认车况良好后，安排上架销售。

(三)二手车整备常见内容及步骤

二手车整备常见内容及步骤如表 10-1 所示。

表 10-1　二手车整备常见内容及步骤

整备部位	整备目的	整备要求	整备步骤
车身	清洁车身上的沥青、柏油及排气油垢等顽固污垢	车身油漆表面无附着柏油等顽固污物	①用清水喷淋，冲洗车身外部灰尘 ②喷洒洗车香波 ③用海绵擦拭全车 ④冲洗 ⑤喷去柏油剂 ⑥擦干全车水渍
车轮轮毂	清洁上光	表面洁净、无污迹，轮胎表面应上光	①喷上轮胎专用清洁上光液 ②冲刷洗净 ③检查胎压
发动机舱	清洁、检查	机件表面洁净无污迹、无残留物、上光	①检查冷却液、刮水器清洗液等是否足够 ②用专用清洗液清洗发动机舱 ③检查并整理发动机舱线路 ④检查导线及皮带是否有破损
车轮、门槛和保险杠下方	清除泥垢及检查锈蚀	表面洁净、无污迹，轮胎表面应上光，各缝隙接口无灰尘、污迹、研磨腊等残留物	①用高压水管冲洗车轮部分及底盘部分 ②用刷子清洗前后翼子板内侧、车胎、轮圈细缝、前后保险杠下方、门槛下方及门框内侧 ③查看底盘是否有掉漆及锈蚀现象；若有，先刮除锈斑，用砂纸磨过后再同色补漆
车身漆面	补漆、抛光	车身油漆表面光泽良好，无明显的损伤、氧化失光等现象，无明显旋纹	①修补漆面损伤 ②抛光
车厢内部	清洁、整理	表面洁净，储物盒无残留物，烟灰缸洁净无残留物，内饰表面应上光	①取出车内所有的物品(包括地毯、脚垫、座椅套等)并清洗 ②清洁、吸尘 ③洗刷污垢
仪表板和中控台	清洁	表面洁净无污迹	①对仪表板、中控台及座椅吸尘清洁 ②清洁各通风口的细缝凹槽 ③用内饰专用清洁剂清理内饰

续表

整备部位	整备目的	整备要求	整备步骤
行李舱	清洁及整理随车工具	表面洁净无污迹、无残留物、无异味	①清理行李舱内所有的物品 ②将备胎及行李舱地毯清洗干净 ③吸尘、清洁 ④喷上清洁液擦洗干净 ⑤将随车工具归位 ⑥检查并整理音响线路及制动车灯线路
车门框	清洁及防水检查	表面洁净无污迹	①打开车门看车内有无漏水 ②清除车门框四周边缘及防水胶条上的水迹、泥垢 ③检查门框防水条有无破损 ④检查门框边缘有无锈斑
车门边	清洁及排水检查	表面洁净无污迹	①检查车门底下是否有泥土及锈蚀 ②清除泥土及锈蚀 ③检查并确保车门排水孔通畅
车厢内部	上色	表面洁净无污迹，无遗留动物毛发、残留物，亦无破损、无色差	①内饰保养，如损伤的皮革、塑料、绒布等，需根据材质分别进行精致修复 ②将洗干净的脚垫及座椅套装好
车辆外观	抛光打蜡	打蜡抛光如镜面般光亮	①用海绵打上光蜡，要以直线的方式进行，在车顶、发动机舱盖、行李舱盖、车身左右等部位处理 ②擦净蜡痕
全车	终检	表面洁净如新	①全车玻璃用专用清洁剂擦拭干净 ②检查车辆内外零部件有无缺损 ③检查漆面

【任务组织】

任务组织的详细安排如表 10-2 所示。

表 10-2　任务组织的详细安排

组织形式	单班授课、分组教学
教学模式	“教、学、做”一体（角色扮演）
学生分组	4～6 组，每组 4～6 人；建议设组长、发言人、记录员、信息员、操作员等

续表

场地	理实一体化汽车整备教室，网络环境良好，宽敞、整洁；现场灯光照明良好、通风良好
仪器设备	实训车辆、展示白板、二手车整备设备和工具
教学时间	不少于2学时

【任务实施】

活动　二手车整备

活动目标

(1)能依据工作要求，结合实际情况，合作完成二手车的整备工作。

(2)能对车辆整备过程和结果进行总结和反思。

(3)培养严谨细致的工作作风和积极沟通的工作习惯。

一、接受任务

根据公司工作安排，你需要根据二手车整备工作的要求，结合本校实训条件，制订二手车整备的工作计划，并完成对指定车辆的整备工作。

二、制定计划

1.分组分工。

请根据工作任务安排，讨论并制定计划，完成小组成员任务分工，找到自己的角色。

□组长　□发言人　□记录员　□信息员　□其他________________

2.收集信息。

(1)设备条件：____。

(2)工位数量：____。

(3)场地面积：____。

(4)备件品类：____。

(5)车辆情况：____。

3.计划制定。

作业内容和实施步骤如下：

(1)作业内容：____

____。

(2)实施步骤：____

____。

三、计划实施

1.填写活动信息表。

<table>
<tr><td rowspan="5">活动信息</td><td>活动人员</td><td></td><td>记录人员</td><td></td></tr>
<tr><td>活动时间</td><td></td><td>活动地点</td><td></td></tr>
<tr><td>活动分析</td><td colspan="3"></td></tr>
<tr><td>作业注意事项</td><td colspan="3"></td></tr>
<tr><td>车辆品牌型号</td><td colspan="3"></td></tr>
<tr><td rowspan="9">活动过程</td><td>活动目的</td><td colspan="3"></td></tr>
<tr><td>活动目标</td><td colspan="3"></td></tr>
<tr><td>设备工具</td><td colspan="3"></td></tr>
<tr><td>安全防护</td><td colspan="3"></td></tr>
<tr><td>维修整备流程</td><td colspan="3"></td></tr>
<tr><td>车身整备流程</td><td colspan="3"></td></tr>
<tr><td>内饰整备流程</td><td colspan="3"></td></tr>
<tr><td>发动机舱和
行李舱整备流程</td><td colspan="3"></td></tr>
<tr><td>整备过程中的
问题记录</td><td colspan="3"></td></tr>
</table>

2.车辆整备质量验收。

整备工作内容		整备前情况描述	整备后效果描述
车身外观	漆面		
	玻璃		
	车轮		
	格栅		
内饰	仪表台		
	中控		
	座椅		
	地板		
	内饰板		
发动机舱	各部件总成		
	油液		
	管路		
	线束		
行李舱	物品		
	内饰		

四、评价反馈

1.请根据自己在任务活动中的实际表现进行自我反思和自我评价。

自我反思	自我评价	存在的问题和解决方案
我对二手车整备工作的流程和基本方法有了充分了解	□是 □否	
是否愿意将自己的理解和建议与小组成员积极沟通和探讨	□是 □否	
小组成员是否都能积极主动地发表自己的意见和建议	□是 □否	
是否认真关注了其他成员的讨论和发言并非常愿意接受其他成员的建议	□是 □否	
是否通过该学习任务获得了经验	□是 □否	
是否可以引导自己所在的小组成员完成任务活动	□是 □否	
是否希望能继续和组内成员合作完成其他学习任务活动	□是 □否	
是否喜欢小组教学活动	□是 □否	

2.小组评价。

评价项目	评价	存在的问题和解决方案
参与度	☆☆☆☆☆	
完成度	☆☆☆☆☆	
贡献度	☆☆☆☆☆	
发言量	☆☆☆☆☆	
沟通交流	☆☆☆☆☆	
异议处理	☆☆☆☆☆	

3.评价标准。

项目	评分标准	分值	得分
接受任务	明确工作任务，理解任务在企业工作中的重要程度	5	
信息收集	完整准确地收集车源信息	5	
制定计划	按照工作规范及要求，制定合适的行动计划	5	
	能协同小组人员安排任务分工	5	
	能在实施前准备好需要的工具器材	5	
计划实施	熟悉二手车的整备工作内容，并能简单描述	10	
	掌握二手车整备工作流程，并能简单描述	10	
	了解提高二手车整备质量的方法，并能简单描述	10	
	掌握二手车整备质量的检验方法	10	
	能制定二手车整备的工作计划，并了解工作效果，根据工作的检查结果分析调整计划	10	
	能有针对性地组织开展跟进改善活动，制订改善报告	10	
质量检查	任务完成，操作过程规范，操作结束后能对现场进行整理	5	
评价反馈	能对自身表现情况进行客观评价	5	
	能在任务实施过程中发现自身存在的问题	5	
得分（满分 100）			

任务二　办理二手车转移登记手续

【任务描述】

根据公司工作安排，你作为二手车业务专员，需要帮助客户完成对指定车辆的过户转籍。请按照规范的二手车转移登记流程和方法，完成模拟二手车转移登记工作，对转移登记过程中发现的问题如实记录并形成结论性评价。

【任务目标】

素质目标

1.培养学生有序计划、分工协作、团结配合的职业素养。

2.锻炼学生注意观察、勤于动脑和善于思考的习惯。

3.培养学生分析与总结的良好学习习惯。

4.提升学生的人文素养，养成与他人协作的习惯，具备良好的人际交往能力。

知识目标

1.了解二手车的转移登记流程。

2.了解办理二手车转移登记手续的操作方法。

3.了解二手车转移登记的注意事项。

4.了解办理二手车转移登记所需的材料。

能力目标

能按照流程参与二手车转移登记工作。

【知识准备】

一、二手车转移登记的作用

二手车转移登记即二手车过户，是车辆产权的变更，是二手车交易过程中必不可少的重要环节，如图 10-4 所示。办理二手车转移登记可以从法律上完成车辆所有权的转移，保障车辆来源的合法性，如避免买到走私车和盗抢车等，同时明确了买卖双方与车辆相关的责任划分，如债务纠纷、交通违法等，确保了买卖双方的合法权益。

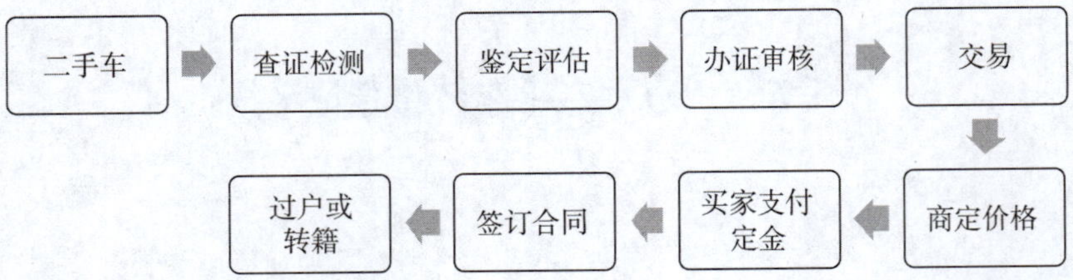

图 10-4　二手车交易流程

二、车辆所有权转移登记

二手车交易不像一般商品交易那么简单，其手续的办理需要遵守相关的政策规定，按照一定的流程进行，这样才能保证交易双方的利益，如图 10-5 所示。

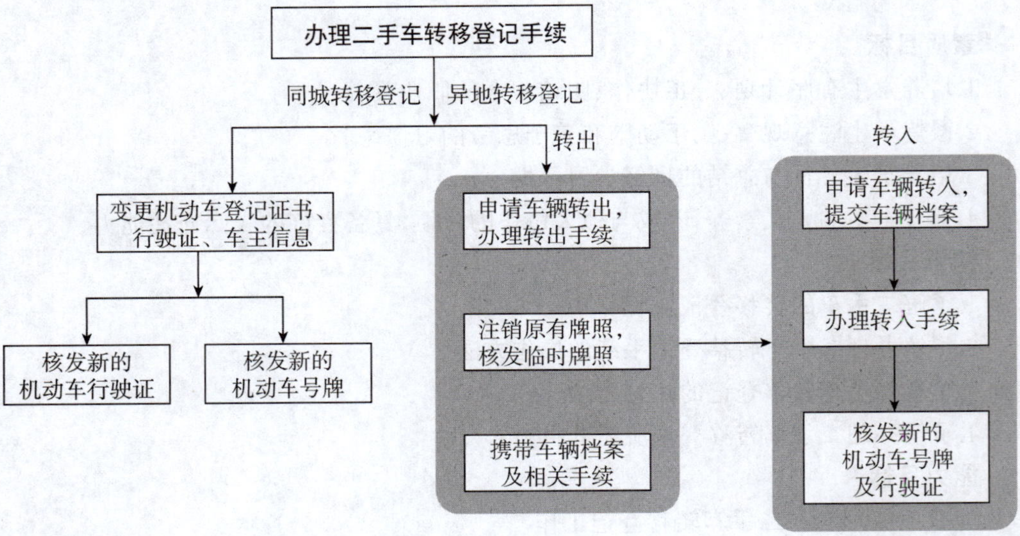

图 10-5　办理二手车转移登记手续的程序

(一)同城车辆所有权转移登记

办理已注册登记的机动车在同城(同一车辆管理所管辖区内)发生所有权转移时，只需要更改车主姓名(单位名称)和住所等资料，机动车及机动车号牌可以不变更。这种变更情形习惯上称为办理过户手续，即把机动车原车主的登记信息变更为新车主的登记信息。

1.过户登记的程序

现车主提出申请(填写《机动车转移登记申请表》)，在机动车检查站查验车辆(同时对超过检验周期的机动车进行安全检查)，在车辆管理所受理审核资料，在《机动车登记证书》上记载过户登记事项(对需要改变机动车登记编号的，确定机动车登记编号)，然后收回原机动车号牌和《机动车行驶证》，重新核发机动车号牌和《机动车行驶证》(对不需要改变机动车登记编号的，只需重新核发《机动车行驶证》)。二手车同城转移登记的流程如图 10-6 所示。

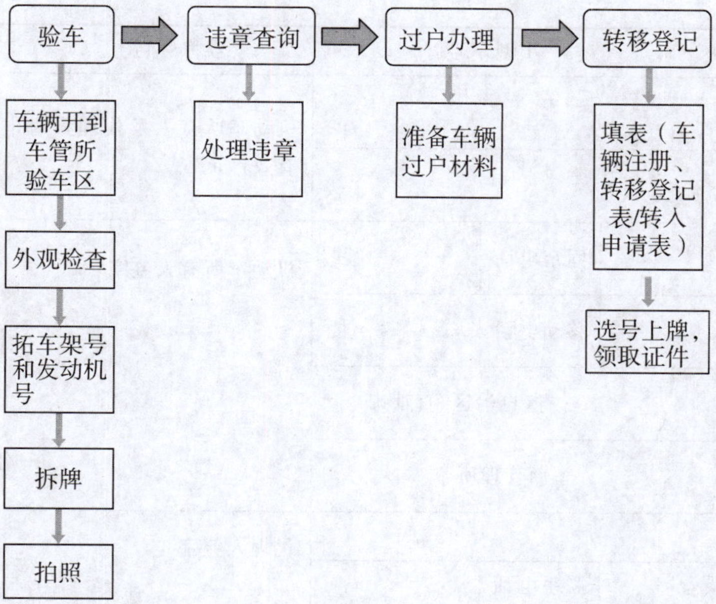

图 10-6　二手车同城转移登记流程

机动车注册、转移、注销登记/转入申请表如表 10-3 所示。

表 10-3　机动车注册、转移、注销登记/转入申请表

号牌种类		小型车号牌	号牌号码	
申请事项		□注册登记　□注销登记　□转入 □车辆管理所辖区内的转移登记　□转出车辆管理所辖区的转移登记		
注销登记原因		□报废　□灭失　□退车　□出境		
机动车	品牌型号		车辆识别代号	
机动车	获得方式	□购买　□境外自带　□继承　□赠予　□协议抵偿债务　□协议离婚　□中奖 □调拨　□资产重组　□资产整体买卖　□仲裁裁决　□法院调解　□法院裁定 □法院判决　□其他		
机动车	使用性质	□非营运　□公路客运　□公交客运　□出租客运　□旅游客运　□租赁　□教练 □幼儿校车　□小学生校车　□其他校车　□货运　□危险化学品运输　□警用 □消防　□救护　□工程救险　□营转非　□出租营转非		

续表

<table>
<tr><td colspan="2">号牌种类</td><td colspan="3">小型车号牌</td><td>号牌号码</td><td></td></tr>
<tr><td rowspan="4">机动车所有人</td><td>姓名/名称</td><td colspan="3"></td><td colspan="2" rowspan="2">机动车所有人及代理人对申请材料的真实有效性负责</td></tr>
<tr><td>邮寄地址</td><td colspan="3"></td></tr>
<tr><td>邮政编码</td><td></td><td>固定电话</td><td></td><td colspan="2" rowspan="4">机动车所有人签字：

年　月　日</td></tr>
<tr><td>电子信箱</td><td></td><td>移动电话</td><td></td></tr>
<tr><td colspan="2" rowspan="2">转移出车辆管理所辖区的转移登记</td><td rowspan="2">转入</td><td colspan="2">省（自治区、直辖市）</td></tr>
<tr><td colspan="2">车辆管理所</td></tr>
<tr><td rowspan="4">代理人</td><td>邮寄地址</td><td colspan="3"></td><td colspan="2" rowspan="4">代理人签字

年　月　日</td></tr>
<tr><td>邮政编码</td><td></td><td>联系电话</td><td></td></tr>
<tr><td>电子信箱</td><td colspan="3"></td></tr>
<tr><td colspan="4"></td></tr>
</table>

2.不能办理过户登记的情形

有下列情形之一的，不能办理过户登记：

(1)车主提交的证明、凭证无效的。

(2)机动车来历凭证涂改的或机动车来历凭证记载的车主与身份证明不符的。

(3)车主提交的证明、凭证与机动车不符的。

(4)机动车未经国家机动车产品主管部门许可生产、销售或未经国家进口机动车主管部门许可进口的。

(5)机动车的有关技术数据与国家机动车产品主管部门公告的数据不符的。

(6)机动车达到国家规定的强制报废标准的。

(7)机动车属于被盗抢的。

(8)机动车与该车档案记载的内容不一致的。

(9)机动车未被海关解除监管的。

(10)机动车在抵押期间的。

(11)机动车或机动车档案被人民法院、人民检察院、行政执法部门依法查封、扣牌的。

(12)机动车涉及未处理完毕的道路交通安全违法行为或者交通事故的。

(二)异地车辆所有权转移登记

二手车交易后，如果新车主和原车主的住所不在同一城市里，则不能直接办理《机动车登记证书》和《机动车行驶证》的变更，需要到新车主住所所属的车辆管理所管辖区内办理。这就涉及二手车转出和转入登记问题。

1.转出登记

车辆转出登记是指在现车辆管理所管辖区内已注册登记的车辆办理车辆档案转出的手续，一般是由于现车主的住所或工作地址变动等原因需要将车辆转出本地。

(1)转出登记程序。现车主提出申请(填写《机动车转移登记申请表》)，车辆管理所受理审核资料，确认车辆，在《机动车登记证书》上记载转出登记事项，收回机动车号牌和《机动车行驶证》，核发临时行驶车号牌，密封机动车档案，交机动车所有人。

(2)转出登记的规定。根据《机动车登记规定》，二手车交易后且现车主的住所不在原车辆管理所管辖区的，现车主应当于机动车交付之日(以二手车销售发票上的登记日期为准)起 30 日内，向原二手车管辖地车辆管理所提出转移登记申请，填写《机动车转移登记申请表》。

2.转入登记

(1)机动车转入登记的条件。现车主的住所属于本地车管所登记规定范围的，转入机动车符合国家机动车登记规定的。

(2)转入登记规定。根据《机动车登记规定》，机动车档案转出原车辆管理所后，机动车所有人必须在 90 日内携带车辆及档案资料到住所地车辆管理所申请机动车转入登记。

(3)转入登记程序。车主提出申请，交验车辆；车辆管理所受理申请，审核资料，在《机动车登记证书》上记载转入登记事项，核发机动车号牌、《机动车行驶证》和检验合格标志。

(三)二手车转移登记“跨省通办”

自 2021 年 9 月 1 日起，全国 218 个城市开始推行二手车转移登记“跨省通办”。今后，异地交易二手车的，可以就地直接办理车辆查验、登记，无需返回登记地验车、提取档案、办理转出，变“两次登记查验”为“一次登记查验”。

二手车交易转移登记“跨省通办”适用于非营运小型、微型载客汽车。对于二手小型、微型非营运载客汽车，现机动车所有人(二手车买方)住所不在登记地车管所管辖区域内的，可以直接到住所地(转入地)交易并申请机动车转移登记。二手车档案资料实行电子化网上转递，无需再提取纸质实物档案。

申请方式有两种：对二手车在转入地交易的，可以通过公安交通管理互联网服务平台提出申请，也可以直接到转入地车管所业务窗口提出申请；对二手车在转出地交易的，可以向转出地车管所业务窗口提出申请。申请转移登记前，应当确认涉及该车的道路交通安全违法行为和交通事故处理完毕。

对二手车在转入地交易的，现机动车所有人可以通过公安交通管理互联网服务平台向转入地车管所申请车辆跨辖区转移登记。申请前，应当认真阅读“业务须知”，确认机动车是否符合转入地相关规定，按照提示录入申请信息。转入地车管所在受理网上申请后，通知转出地车管所制作并转递电子化机动车档案资料。机动车档案资料转递完成后，现机动车所有人将收到互联网服务平台发出的到业务窗口办理转移登记的通知。

机动车所有人到转入地车管所办理转移登记时，需要交验机动车，按规定提交证明、凭证，并交回原机动车行驶证、号牌。车管所确认机动车，确定新的机动车号牌号码，在机动车登记证书上签注转移事项，重新核发号牌、行驶证和检验合格标志。

需要注意的是，对未通过网上申请，直接到转入地车辆管理所申请二手车跨辖区转移登记的，车管所将预受理业务，并查验机动车，待电子化机动车档案转递后，再审核办理，重新核发的机动车牌证将通过邮寄或自取方式交现机动车所有人。

为方便群众快捷办理登记业务，建议优先选择通过公安交通管理互联网服务平台申请转递车辆档案，收到网上通知后再到车管所办理。

申请二手车跨辖区转移登记的，现机动车所有人应当提交以下证明、凭证：现机动车所有人的身份证明；二手车销售统一发票；机动车登记证书；机动车行驶证；属于海关监管的机动车还应当提交中华人民共和国海关监管车辆解除监管证明书或者海关批准的转让证明，属于超过检验有效期的机动车还应当提交机动车安全技术检验合格证明和交通事故责任强制保险凭证。

代理人代理申请机动车转移登记的，还应当提交代理人身份证明和被代理人的委托书（通过“交管 12123”手机 App 委托他人代为办理的，不需要出具纸质委托书）。代理人为单位的应当提交经办人的身份证明。

三、二手车办理转移登记所需的手续及证件

二手车在同城或异地交易和所有权转移登记时，根据买卖双方身份的不同，办理转移登记时所需的手续和证件也有所不同。大部分二手车交易市场中都设有过户大厅，可以直接办理二手车转移登记手续。

（一）二手车所有权由个人转移给个人

（1）卖方个人身份证原件及复印件/代理人身份证原件及复印件。

（2）买方个人身份证原件及复印件。

（3）车辆原始购置发票（红联）或上次交易过户发票（红联）原件及复印件。

（4）过户车辆的《机动车登记证书》原件及复印件。

（5）过户车辆《机动车行驶证》原件及复印件。

（6）二手车买卖合同。

（7）外地户口需持暂住证。

（8）过户车辆到场。

(9)购置税完税证明。

(二)二手车所有权由个人转移给单位

(1)卖方个人身份证原件及复印件。

(2)买方单位法人代码证原件及复印件(须在年检有效期之内)。

(3)车辆原始购置发票或上次交易过户发票原件及复印件。

(4)过户车辆的《机动车登记证书》原件及复印件。

(5)过户车辆的《机动车行驶证》原件及复印件。

(6)二手车买卖合同。

(7)购置税完税证明。

(8)过户车辆到场。

(三)二手车所有权由单位转移给个人

(1)卖方单位法人代码证原件及复印件(须在年检有效期之内)。

(2)买方个人身份证原件及复印件。

(3)车辆原始购置发票或上次交易过户发票原件及复印件(如发票丢失需本单位财务明细)。

(4)卖方单位须按实际成交价格给买方个人开具成交发票(需复印)。

(5)过户车辆的《机动车登记证书》原件及复印件。

(6)过户车辆的《机动车行驶证》原件及复印件。

(7)二手车买卖合同。

(8)购置税完税证明。

(9)过户车辆到场。

(四)二手车所有权由单位转移给单位

(1)卖方单位法人代码证原件及复印件(须在年检有效期之内)。

(2)买方单位法人代码证原件及复印件(须在年检有效期之内)。

(3)车辆原始购置发票或上次交易过户发票原件及复印件(如发票丢失需本单位财务明细)。

(4)卖方单位须按实际成交价格给买方单位开具成交发票(需复印)。

(5)过户车辆的《机动车登记证书》原件及复印件。

(6)过户车辆的《机动车行驶证》原件及复印件。

(7)二手车买卖合同。

(8)购置税完税证明。

(9)过户车辆到场。

【任务组织】

任务组织的详细安排如表 10-4 所示。

表 10-4　任务组织的详细安排

组织形式	单班授课、分组教学
教学模式	“教、学、做”一体(角色扮演)
学生分组	4～6 组,每组 4～6 人;建议设组长、发言人、记录员、信息员、操作员等
场地	理实一体化教室,网络环境良好,宽敞、整洁;现场灯光照明良好、通风良好
仪器设备	实训车辆、展示白板、二手车手续材料
教学时间	不少于 2 学时

【任务实施】

活动　模拟二手车转移登记

活动目标

(1)能依据工作要求,结合本地实际情况,合作完成二手车转移登记工作。

(2)能对车辆过户过程和结果进行总结和反思。

(3)培养严谨细致的工作作风和积极沟通的工作习惯。

一、接受任务

根据公司工作安排,你需要根据二手车过户工作要求,结合本地实际,制订二手车转移登记的工作计划,并完成对指定车辆的过户转籍。

二、制定计划

1.分组分工。

请根据工作任务安排,讨论并制定计划,完成小组成员任务分工,找到自己的角色。

□组长　□发言人　□记录员　□信息员　□其他________________

2.收集信息。

当地车辆过户的流程和要求:________________________________

____。

3.计划制定

作业内容和实施步骤如下:

(1)作业内容:____

____。

(2)实施步骤:____

____。

三、计划实施

1.填写活动信息表。

<table>
<tr><td rowspan="5">活动信息</td><td>活动人员</td><td></td><td>记录人员</td><td></td></tr>
<tr><td>活动时间</td><td></td><td>活动地点</td><td></td></tr>
<tr><td>活动分析</td><td colspan="3"></td></tr>
<tr><td>作业注意事项</td><td colspan="3"></td></tr>
<tr><td>车辆品牌型号</td><td colspan="3"></td></tr>
<tr><td rowspan="4">活动过程</td><td>活动目的</td><td colspan="3"></td></tr>
<tr><td>材料准备</td><td colspan="3"></td></tr>
<tr><td>过户流程</td><td colspan="3"></td></tr>
<tr><td>沟通过程中的问题记录</td><td colspan="3"></td></tr>
</table>

四、评价反馈

1.请根据自己在任务活动中的实际表现进行自我反思和自我评价。

自我反思	自我评价	存在的问题和解决方案
是否对二手车置换工作流程和基本方法有了充分了解	□是 □否	
是否愿意将自己的理解和建议与小组成员积极沟通和探讨	□是 □否	
小组成员是否都能积极主动地发表自己的意见和建议	□是 □否	
是否认真关注了其他成员的讨论和发言并非常愿意接受其他成员的建议	□是 □否	
是否通过该学习任务获得了经验	□是 □否	
是否可以引导自己所在的小组成员完成任务活动	□是 □否	
是否希望能继续和组内成员合作完成其他学习任务活动	□是 □否	
是否喜欢小组教学活动	□是 □否	

2.小组评价。

评价项目	评价	存在的问题和解决方案
参与度	☆☆☆☆☆	
完成度	☆☆☆☆☆	
贡献度	☆☆☆☆☆	
发言量	☆☆☆☆☆	
沟通交流	☆☆☆☆☆	
异议处理	☆☆☆☆☆	

3.综合评价。

项目	评分标准	分值	得分
接受任务	明确工作任务，理解任务在企业工作中的重要程度	5	
信息收集	完整准确地收集车源信息	5	
制定计划	按照工作规范及要求，制定合适的行动计划	5	
	能协同小组人员安排任务分工	5	
	能在实施前准备好需要的工具器材	5	
计划实施	熟悉二手车的转移登记工作内容，并能简单描述	15	
	掌握二手车的转移登记工作流程，并能简单描述	15	
	了解提高二手车过户工作效率的方法，并能简单描述	15	
	能制定二手车过户工作计划，并了解活动效果，根据活动的检查结果分析调整计划	10	
	能有针对性地组织开展跟进改善活动，制订改善报告	5	
质量检查	任务完成，操作过程规范，操作结束后能对现场进行整理	5	
评价反馈	能对自身表现情况进行客观评价	5	
	能在任务实施过程中发现自身存在的问题	5	
得分(满分100)			

附录　二手车鉴定评估技术规范(GBT3023—2013)

引　言

为规范二手车鉴定评估行为,营造公平、公正的二手车消费环境,保护消费者合法权益,促进汽车市场健康发展,制定本标准。

本标准在制定过程中,参考了国外二手车鉴定评估有关法规与行业标准的主要思路与方法。

1　范围

本标准规定了二手车鉴定评估的术语和定义、企业(生产企业二手车业务、汽车经销商二手车部门、二手车市场、二手车经纪公司、二手车拍卖)要求、作业流程和方法等技术要求。

本标准适用于从事二手乘用车鉴定评估的活动。从事其他二手车鉴定评估,以及其他涉及汽车鉴定评估活动参照执行。

2　规范性引用文件

下列文件对于本文件的应用是必不可少的。凡是注日期的引用文件,仅注日期的版本适用于本文件。凡是不注日期的引用文件,其最新版本(包括所有的修改单)适用于本文件。

GB 7258 机动车运行安全技术条件。

3　术语和定义

下列术语和定义适用于本文件。

3.1　二手车 used car

从办理完毕注册登记手续到达到国家强制报废标准之前进行交易并转移所有权的汽车。

3.2　二手车鉴定评估 used car appraisal and evaluation

是指对二手车进行技术状况检测、鉴定,确定某一时点价值的过程。

3.2.1　二手车技术状况鉴定 technical condition of the used car appraisal

对车辆技术状况进行缺陷描述、等级评定。

3.2.2　二手车价值评估 used car valuation

根据二手车技术状况鉴定结果和鉴定评估目的,对目标车辆价值评估。价值评估方法主要包括现行市价法、重置成本法。

3.2.2.1　现行市价法 Current market price method

根据车辆技术状况按照市场现行价格计算出被评估车辆价值的方法。

3.2.2.2　重置成本法 Replacement cost method

按照相同车型市场现行价格重新购置一个全新状态的评估对象,用所需的全部成本减去评估对象的实体性、功能性和经济性陈旧贬值后的差额,以其作为评估对象现时价值的方法。

3.3　二手车鉴定评估机构 used car appraisal and evaluation mechanism

从事二手车鉴定评估经营活动的第三方服务机构。

3.4　二手车鉴定评估 used car appraisal appraiser

依法取得二手车鉴定评估师，国家职业资格的人员。

3.5　高级二手车鉴定评估师 advanced used car appraisal

依法取得高级二手车鉴定评估师，国家职业资格的人员。

4　二手车鉴定评估机构条件和要求

4.1　场所

经营面积不少于 200 m^2。

4.2　设施设备

4.2.1　具备汽车举升设备。

4.2.2　车辆故障信息读取设备、车辆结构尺寸检测工具或设备。

4.2.3　具备车辆外观缺陷测量工具、漆面厚度检测设备；

4.2.4　具备照明工具、照相机、螺丝刀、扳手等常用操作工具。

4.3　人员

具有 3 名以上二手车鉴定评估师，1 名以上高级二手车鉴定评估师。

4.4　其他

4.4.1　具备电脑等办公设施；

4.4.2　具备符合国家有关规定的消防设施；

5　二手车鉴定评估程序

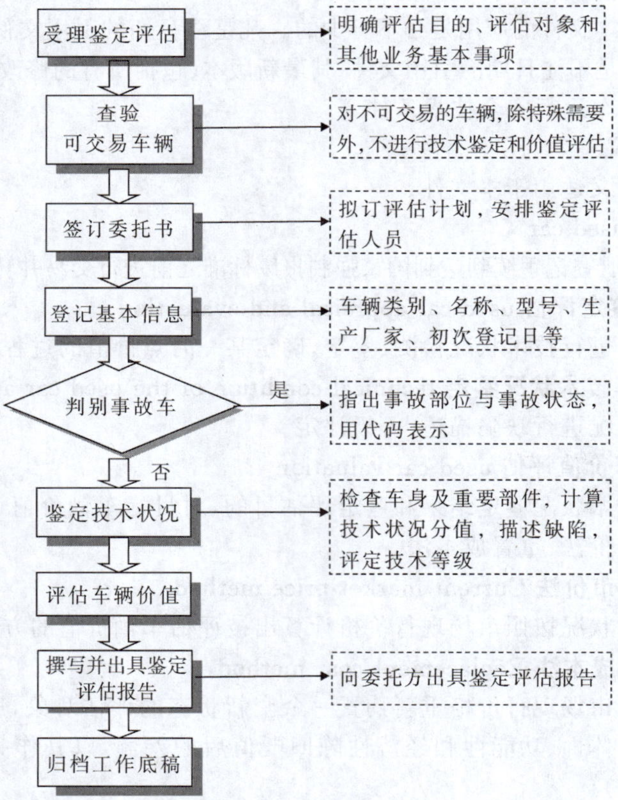

图 1　二手车鉴定评估作业流程

5.1 二手车鉴定评估作业流程

二手车鉴定评估机构开展二手车鉴定评估经营活动按图1流程作业，并按附录A填写《二手车鉴定评估作业表》。二手车经销、拍卖、经纪等企业开展业务涉及二手车鉴定评估活动的，参照图1有关内容和顺序作业，即查验可交易车辆→登记基本信息→判别事故车→鉴定技术状况，并参照附录B填写《二手车技术状况表》。

5.2 受理鉴定评估

了解委托方及其车辆的基本情况，明确委托方要求，主要包括委托方要求的评估目的、评估基准日、期望完成评估的时间等。

5.3 查验可交易车辆

5.3.1 查验机动车登记证书、行驶证、有效机动车安全技术检验合格标志、车辆购置税完税证明、车船使用税缴付凭证、车辆保险单等法定证明、凭证是否齐全，并按照表1检查所列项目是否全部判定为“Y”。

表1 可交易车辆判别表

序号	检查项目	判别
1	是否达到国家强制报废标准	Y否 N是
2	是否为抵押期间或海关监管期间的车辆	Y否 N是
3	是否为人民法院、检察院、行政执法等部门依法查封、扣押期间的车辆	Y否 N是
4	是否为通过盗窃、抢劫、诈骗等违法犯罪手段获得的车辆	Y否 N是
5	发动机号与机动车登记证书登记号码是否一致，且无凿改痕迹	Y是 N否
6	车辆识别代号VIN码或车架号码与机动车登记证书登记号码是否一致，且无凿改痕迹	Y是 N否
7	是否走私、非法拼组装车辆	Y否 N是
8	是否法律法规禁止经营的车辆	Y否 N是

5.3.2 如发现上述法定证明、凭证不全或表1检查项目任何一项判别为“N”的车辆，应告知委托方，不需继续进行技术鉴定和价值评估(司法机关委托等特殊要求的除外)。

5.3.3 发现法定证明、凭证不全，或者表1中第1项、4项至8项任意一项判断为“N”的车辆应及时报告公安机关等执法部门。

5.4 签订委托书

对相关证照齐全、表1检查项目全部判别为“Y”的，或者司法机关委托等特殊要求的车辆，按附录C签署《二手车鉴定评估委托书》。

5.5 登记基本信息

5.5.1 登记车辆使用性质信息，明确营运与非营运车辆；

5.5.2 登记车辆基本情况信息，包括车辆类别、名称、型号、生产厂家、初次登记日期、表征行驶里程等。如果表征行驶里程如与实际车况明显不符，应在《二手车鉴定评估报告》或《二手车技术状况表》有关技术缺陷描述时予以注明。

5.6 判别事故车

5.6.1 使用漆面厚度检测设备配合对车体结构部件进行检测;使用车辆结构尺寸检测工具或设备检测车体左右对称性(代码为 1)。

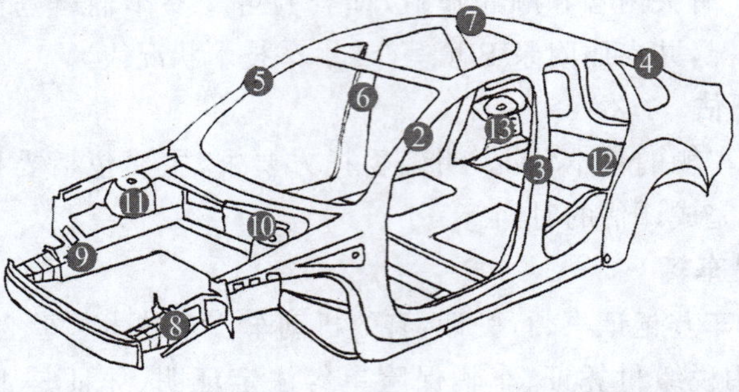

2 左A柱	6 右B柱	10 左减震器悬挂部位
3 左B柱	7 右C柱	11 右减震器悬挂部位
4 左C柱	8 左纵梁	12 左后减震器悬挂部位
5 右A柱	9 右纵梁	13 右后减震器悬挂部位

图 2 车体结构示意图

5.6.2 参照图 2 所示车体部位(代码为 2~13),按照表 2 要求检查车辆外观,判别车辆是否发生过碰撞、火烧,确定车体结构是否完好无损或者有事故痕迹。

5.6.3 根据表 2、表 3 对车体状态进行缺陷描述,即车身部位+状态。例:4SH,即左 C 柱有烧焊痕迹。

5.6.4 当表 2 中任何一个检查项目存在表 3 中对应的缺陷时,则该车为事故车。

5.6.5 事故车的车辆技术鉴定和价值评估不在本规范的范围之内。

表 2 车体部位代码表

序号	检查项目或车体部位	序号	检查项目或车体部位
1	车体左右对称性	8	左前纵梁
2	左 A 柱	9	右前纵梁
3	左 B 柱	10	左前减震器悬挂部位
4	左 C 柱	11	右前减震器悬挂部位
5	右 A 柱	12	左后减震器悬挂部位
6	右 B 柱	13	右后减震器悬挂部位
7	右 C 柱		

表 3 车辆缺陷状态描述对应表

代表字母	BX	NQ	GH	SH	ZZ
缺陷描述	变形	扭曲	更换	烧焊	褶皱

5.7 鉴定车辆技术状况

5.7.1 按照车身、发动机舱、驾驶舱、启动、路试、底盘等项目顺序检查车辆技术状况。

5.7.2 根据检查结果确定车辆技术状况的分值。总分值为各个鉴定项目分值累加，即鉴定总分＝∑项目分值，满分100分。

5.7.3 根据鉴定分值，按照表4确定车辆对应的技术等级。

表4 车辆技术状况等级分值对应表

技术状况等级	分值区间
一级	鉴定总分≥90
二级	60≤鉴定总分＜90
三级	20≤鉴定总分＜60
四级	鉴定总分＜20
五级	事故车

5.8 评估车辆价值

5.8.1 价值方法选用原则：

a)一般情况下，推荐选用现行车价法；在无参照物、无法使用现行市价法的情况下，选用重置成本法；

b)根据车辆有关情况，确立估值方法，并对车辆价值进行估算。

5.8.2 现行市价法的运用方法

a)评估价值为相同车型、配置和相同技术状况鉴定检测分值的车辆近期的交易价格；

b)如无参照，可从本区域近期的交易记录中调取相同车型、相近分值，或从相邻区域的成交记录中调取相同车型、相近分值的成交价格，并结合车辆技术状况鉴定分值加以修正。

5.8.3 重置成本法计算车辆价值：

a)当无任何参照体时使用重置成本法，见公式(1)：

$$W=R\times e \tag{1}$$

式中：

W——车辆评估价值；

R——更新重置成本；

e——综合成新率。

更新重置成本为相同型号、配置的新车在评估基准日的市场零售价格；

b)综合成新率计算方法，见公式(2)：

$$e=y\times\alpha+t\times\beta \tag{2}$$

式中：

e——综合成新率；

y——年限成新率；

t——技术鉴定成新率；

α——技术鉴定成新率系数；

β——年限成新率系数。

其中：$\alpha+\beta=1$；

$t \times \beta$——相当于实体性陈旧贬值与功能性陈旧贬值后，车辆剩余的价值率；

$y \times \alpha$——相当于经济性陈旧贬值后，车辆剩余的价值率。

c)年限成新率计算方法，见公式(3)：

$$y = N/n \tag{3}$$

式中：

y——年限成新率；

N——预计车辆剩余使用年限；

n——车辆使用年限(非营运乘用车使用年限15年，超过15年的按实际年限计算；营运车辆、有使用年限规定的车辆按实际要求计算)。

d)技术成新率计算方法，见公式(4)：

$$t = X/100 \tag{4}$$

式中：

t——技术鉴定成新率；

X——车辆技术状况分值。

5.9　撰写及出具鉴定评估报告

5.9.1　根据车辆技术状况鉴定等级和价值评估结果等情况，按照附录D要求撰写《二手车鉴定评估报告》，做到内容完整、客观、准确，书写工整。

5.9.2　按委托书要求及时向客户出具《二手车鉴定评估报告》，并由鉴定评估人与复核人签章、鉴定评估机构加盖公章。

5.10　归档工作底稿

将《二手车鉴定评估报告》及其附件与工作底稿独立汇编成册，存档备查。档案保存一般不低于5年；鉴定评估目的涉及财产纠纷的，其档案至少应当保存10年；法律法规另有规定的，从其规定。

6　正常车辆技术状况鉴定有关要求

6.1　车身

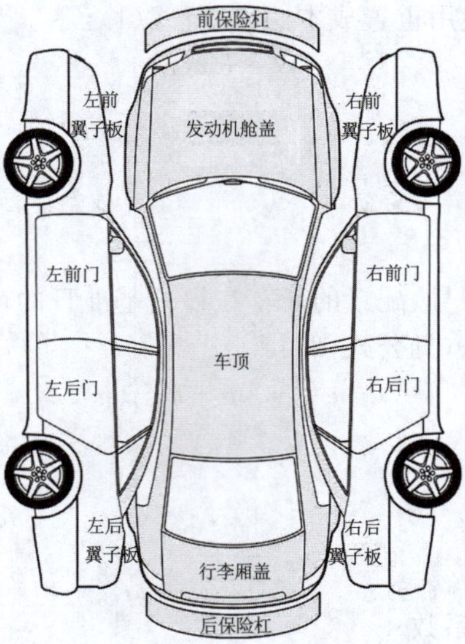

图3　车身外观展开示意图

6.1.1 车身外观部位及对应代码见图 3 和表 5 的标示。参照图 3 标示,按照表 5、表 6 要求检查 26 个项目,程度为 1 的加 0.5 分,每增加 1 个程度扣 0.5 分。共计 20 分,扣完为止。轮胎部分需高于程度 4 的标准,不符合标准时扣 1 分。

6.1.2 使用车辆外观缺陷测量工具与漆面厚度检测检测仪器结合目测法对车身外观进行检测。

6.1.3 根据表 5、表 6 描述缺陷,车身外观项目的转义描述为:车身部位代码+状态+程度。

例:21XS2 对应描述为:左后车门有锈蚀,面积为大于 100 mm×100 mm,小于或等于 200 mm×300 mm。

表 5 车身外观部位代码对应表

代码	外观部位	代码	外观部位
14	发动机舱盖表面	27	后保险杠
15	左前翼子板	28	左前轮
16	左后翼子板	29	左后轮
17	右前翼子板	30	右前轮
18	右后翼子板	31	右后轮
19	左前车门	32	前大灯
20	右前车门	33	后尾灯
21	左后车门	34	前挡风玻璃
22	右后车门	35	后挡风玻璃
23	行李厢盖	36	四门风窗玻璃
24	行李厢内侧	37	左后视镜
25	车顶	38	右后视镜
26	前保险杠	39	轮胎

表 6 车身外观状态描述对应表

代码	HH	BX	XS	LW	AX	XF
描述	划痕	变形	锈蚀	裂纹	凹陷	修复痕迹

程度:1——面积小于或等于 100 mm×100 mm;

2——面积大于 100 mm×100 mm 并小于或等于 200 mm×300 mm;

3——面积大于 200 mm×300 mm;

4——轮胎花纹深度小于 1.6 mm。

6.2 发动机舱

按表 7 项要求检查 10 个项目(序号 40~49)。选择 A 不扣分,第 40 项选择 B 或 C 扣 15 分;第 41 项选择 B 或 C 扣 5 分;第 44 项选择 B 扣 2 分,选择 C 扣 4 分;其余各项选择B扣1.5分，选择C扣3分。共计20分，扣完为止。

如检查第40项时发现机油有冷却液混入，检查第41项时发现缸盖外有机油渗漏，则应在《二手车鉴定评估报告》或《二手车技术状况表》的技术状况缺陷描述中分别予以注明，并提示修复前不宜使用。

表7 发动机舱检查项目作业表

序号	检查项目	A	B	C
40	机油有无冷却液混入	无	轻微	严重
41	缸盖外是否有机油渗漏	无	轻微	严重
42	前翼子板内缘、水箱框架、横拉梁有无凹凸或修复痕迹	无	轻微	严重
43	散热器格栅有无破损	无	轻微	严重
44	蓄电池电极桩柱有无腐蚀	无	轻微	严重
45	蓄电池电解液有无渗漏、缺少	无	轻微	严重
46	发动机皮带有无老化	无	轻微	严重
47	油管、水管有无老化、裂痕	无	轻微	严重
48	线束有无老化、破损	无	轻微	严重
49	其他	只描述缺陷，不扣分		

6.3 驾驶舱

按表8要求检查15个项目(序号50～64)。选择A不扣分，第50项选择C扣1.5分；第51、52项选择C扣0.5分；其余项目选择C扣1分。共计10分，扣完为止。

如检查第60项时发现安全带结构不完整或者功能不正常，则应在《二手车鉴定评估报告》或《二手车技术状况鉴定书》的技术状况缺陷描述中予以注明，并提示修复或更换前不宜使用。

表8 驾驶舱检查项目作业表

序号	检查项目	A	C
50	车内是否无水泡痕迹	是	否
51	车内后视镜、座椅是否完整、无破损、功能正常	是	否
52	车内是否整洁、无异味	是	否
53	方向盘自由行程转角是否小于20°	是	否
54	车顶及周边内饰是否无破损、松动及裂缝和污迹	是	否
55	仪表台是否无划痕，配件是否无缺失	是	否
56	排挡把手柄及护罩是否完好、无破损	是	否
57	储物盒是否无裂痕，配件是否无缺失	是	否

续表

序号	检查项目	A	C
58	天窗是否移动灵活、关闭正常	是	否
59	门窗密封条是否良好、无老化	是	否
60	安全带结构是否完整、功能是否正常	是	否
61	驻车制动系统是否灵活有效	是	否
62	玻璃窗升降器、门窗工作是否正常	是	否
63	左、右后视镜折叠装置工作是否正常	是	否
64	其他	只描述缺陷，不扣分	

6.4 启动

按表 9 要求检查 10 个项目(序号 65～74)。选择 A 不扣分，第 65、66 项选择 C 扣 2 分；第 67 项选择 C 扣 1 分；第 68 至 71 项，选择 C 扣 0.5 分；第 72、73 项选择 C 扣 10 分。共计 20 分，扣完为止。

如检查第 66 项时发现仪表板指示灯显示异常或出现故障报警，则应查明原因，并在《二手车鉴定评估报告》或《二手车技术状况鉴定书》的技术状况缺陷描述中予以注明。

优先选用车辆故障信息读取设备对车辆技术状况进行检测。

表 9 启动检查项目作业表

序号	检查项目	A	C
65	车辆启动是否顺畅(时间少于 5 s，或一次启动)	是	否
66	仪表板指示灯显示是否正常，无故障报警	是	否
67	各类灯光和调节功能是否正常	是	否
68	泊车辅助系统工作是否正常	是	否
69	制动防抱死系统(ABS)工作是否正常	是	否
70	空调系统风量、方向调节、分区控制、自动控制、制冷工作是否正常	是	否
71	发动机在冷、热车条件下怠速运转是否稳定	是	否
72	怠速运转时发动机是否无异响，空挡状态下逐渐增加发动机转速，发动机声音过渡是否无异响	是	否
73	车辆排气是否无异常	是	否
74	其他	只描述缺陷，不扣分	

6.5 路试

按表 10 要求检查 10 个项目(序号 75～84)。选择 A 不扣分，选择 C 扣 2 分。共计 15 分，扣完为止。

如果检查第80项时发现制动系统出现刹车距离长、跑偏等不正常现象，则应在《二手车鉴定评估报告》或《二手车技术状况表》的技术缺陷描述中予以注明，并提示修复前不宜使用。

表10　路试检查项目作业表

序号	检查项目	A	C
75	发动机运转、加速是否正常	是	否
76	车辆启动前踩下制动踏板，保持5～10 s，踏板无向下移动的现象	是	否
77	踩住制动踏板启动发动机，踏板是否向下移动	是	否
78	行车制动系统最大制动效能在踏板全行程的4/5以内达到	是	否
79	行驶是否无跑偏	是	否
80	制动系统工作是否正常有效、制动不跑偏	是	否
81	变速箱工作是否正常、无异响	是	否
82	行驶过程中车辆底盘部位是否无异响	是	否
83	行驶过程中车辆转向部位是否无异响	是	否
84	其他	只描述缺陷，不扣分	

6.6　底盘

按表11要求检查8个项目(序号85～92)。选择A不扣分，第85、86项，选择C扣4分；第87、88项，选择C扣3分；第89、90、91项，选择C扣2分。共计15分，扣完为止。

表11　底盘检查项目作业表

序号	检查项目	A	C
85	发动机油底壳是否无渗漏	是	否
86	变速箱体是否无渗漏	是	否
87	转向节臂球销是否无松动	是	否
88	三角臂球销是否无松动	是	否
89	传动轴十字轴是否无松旷	是	否
90	减震器是否无渗漏	是	否
91	减震弹簧是否无损坏	是	否
92	其他	只描述缺陷，不扣分	

6.7　功能性零部件

对表12所示部件功能进行检查(序号93～113)。结构、功能损坏的，直接进行缺陷描述，不计分。

表 12　车辆功能性零部件项目表

序号	类别	零部件名称	序号	类别	零部件名称
93	车身外部件	发动机舱盖锁止	105	随车附件	备胎
94		发动机舱盖液压撑杆	106		千斤顶
95		后门/后备厢液压支撑杆	107		轮胎扳手及随车工具
96		各车门锁止	108		三角警示牌
97		前后雨刮器	109		灭火器
98		立柱密封胶条	110	其他	全套钥匙
99		排气管及消音器	111		遥控器及功能
100		车轮轮毂	112		喇叭高低音色
101	驾驶舱内部件	车内后视镜	113		玻璃加热功能
102		座椅调节及加热			
103		仪表板出风管道			
104		中央集控			

6.8　拍摄车辆照片

6.8.1　外观图片。分别从车辆左前部与右后部 45°拍摄外观图片各 1 张。拍摄外观破损部位带标尺的正面图片 1 张。

6.8.2　驾驶舱图片。分别拍摄仪表台操纵杆、前排座椅、后排座椅左侧 45°角图片各 1 张,拍摄破损部位带标尺的正面图片 1 张。

6.8.3　拍摄发动机舱图片 1 张。

7　二手车鉴定评估机构经营管理

7.1　有规范的名称、组织机构、固定场所和章程,遵守国家有关法律、法规及行规行约,客观公正地开展二手车鉴定评估业务。

7.2　在经营场所明显位置悬挂二手车鉴定评估机构核准证书和营业执照等证照,公示二手车鉴定评估流程和收费标准。

7.3　二手车鉴定评估人员应严格遵守职业道德、职业操守和执业规范。

7.4　开展二手车鉴定评估活动应坚持客观、独立、公正、科学的原则,按照关联回避原则,回避与本机构、评估人有关联的当事人委托的鉴定评估业务。

7.5　建立内部培训考核制度,保证鉴定评估人员职业素质和鉴定评估工作质量。

7.6　建立和完善二手车鉴定评估档案制度,并根据评估对象及有关保密要求,合理确定适宜的建档内容、档案查阅范围和保管期限。

附 录 A

(资料性附录)

二手车鉴定评估作业表(示范文本)

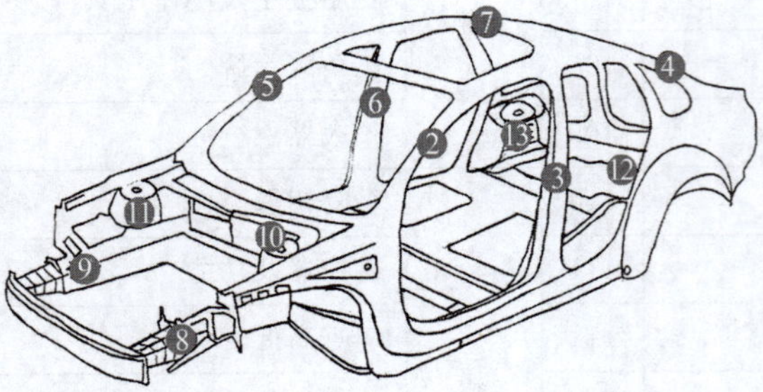

2—左A柱 6—右B柱 10—左减震器悬挂部位
3—左B柱 7—右C柱 11—右减震器悬挂部位
4—左C柱 8—左前纵梁 12—左后减震器悬挂部位
5—右A柱 9—右前纵梁 13—右后减震器悬挂部位

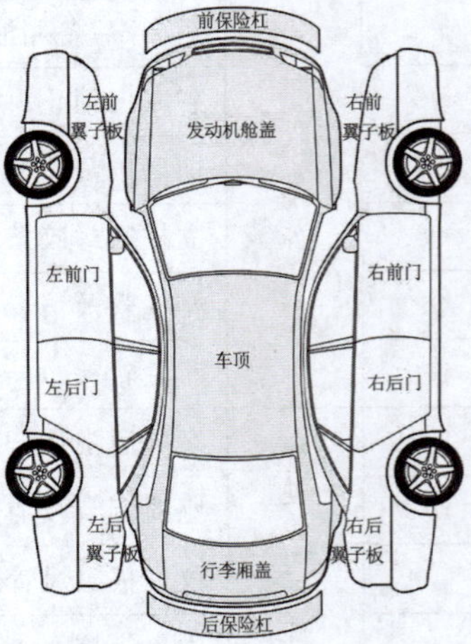

流水号： 鉴定评估日 年 月 日

<table>
<tr><td>厂牌型号</td><td colspan="3"></td><td rowspan="2">行驶里程</td><td>依表</td><td colspan="2"></td></tr>
<tr><td>牌照号码</td><td colspan="3"></td><td>推定</td><td colspan="2"></td></tr>
<tr><td>VIN码</td><td colspan="3"></td><td colspan="2">车身颜色</td><td colspan="2"></td></tr>
<tr><td>发动机号</td><td colspan="3"></td><td colspan="2">车主姓名/名称</td><td colspan="2"></td></tr>
<tr><td rowspan="2">法人代码/
身份证号码</td><td rowspan="2"></td><td colspan="2">首次登记日期</td><td colspan="4">使用性质</td></tr>
<tr><td colspan="2">年 月 日</td><td colspan="4"></td></tr>
<tr><td>年检证明</td><td colspan="2">□有(至____年____月) □无</td><td>车船税证明</td><td colspan="4">□有(至____年____月) □无</td></tr>
<tr><td>交强险</td><td colspan="2">□有(至____年____月) □无</td><td>购置税证书</td><td colspan="4">□有 □无</td></tr>
<tr><td>其他法定凭证</td><td colspan="7">□号牌 □行驶证 □登记证书 □保险单 □其他</td></tr>
<tr><td>是否为事故车</td><td>□否 □是</td><td>损伤位置及
损伤状况</td><td colspan="5"></td></tr>
<tr><td>车辆主要技术
缺陷描述</td><td colspan="7"></td></tr>
<tr><td>总得分</td><td colspan="7"></td></tr>
<tr><td>技术等级</td><td colspan="7"></td></tr>
<tr><td>估价方法</td><td colspan="7"></td></tr>
<tr><td>参考价值</td><td colspan="7"></td></tr>
<tr><td>评估师(签章)</td><td colspan="7"></td></tr>
<tr><td>评估师证号</td><td colspan="7"></td></tr>
<tr><td>审核人(签章)</td><td colspan="7"></td></tr>
<tr><td colspan="8">二手车鉴定评估结论

评估单位名称(盖章)</td></tr>
</table>

二手车车体骨架检查项目和驾驶舱检查，如下表所示。

车体骨架检查项目					
1	车体左右对称性				
2	左A柱	8	左前纵梁		
3	左B柱	9	右前纵梁		
4	左C柱	10	左前减震器悬挂部位		
5	右A柱	11	右前减震器悬挂部位		
6	右B柱	12	左后减震器悬挂部位		
7	右C柱	13	右后减震器悬挂部位		
代表字母	BX	NQ	GH	SH	ZZ
描述	变形	扭曲	更换	烧焊	褶皱
缺陷描述					
事故判定	□事故车	□正常车			

代码	车身检查	扣分	缺陷描述
14	发动机舱盖表		划痕 HH
15	左前翼子板		变形 BX
16	左后翼子板		锈蚀 XS
17	右前翼子板		裂纹 LW
18	右后翼子板		凹陷 AX
19	左前车门		修复痕迹 XF
20	右前车门		缺陷程度
21	左后车门		1—面积≤(100×100)mm
22	右后车门		
23	行李箱盖		2—(100×100)mm<面积≤(200×300)mm
24	行李箱内测		
25	车顶		3—面积>(200×300)mm
26	前保险杠		
27	后保险杠		4—轮胎花纹深度<1.6 mm
28	左前轮		缺陷描述

驾驶舱检查			扣分
储物盒是否无裂痕，配件是否无缺失	是	否	
天窗是否移动灵活、关闭正常	是	否	
门窗密封条是否良好、无老化	是	否	
安全带结构是否完整、功能是否正常	是	否	
驻车制动系统是否灵活有效	是	否	
玻璃窗升降器、门窗工作是否正常	是	否	
左、后视镜折叠装置工作是否正常	是	否	
其他			
合计扣分			
启动检查			
车辆启动是否顺畅(时间少于5 s，或一次启动)			扣分
仪表板指示灯显示是否正常，无故障报警	是	否	
各类灯光和调节功能是否正常	是	否	
泊车辅助系统工作是否正常	是	否	
制动防抱死系统(ABS)工作是否正常	是	否	
空调系统风量、方向调节、分区控制、自动控制、制冷工作是否正常	是	否	
发动机在冷、热车条件下怠速运转是否稳定	是	否	
怠速运转时发动机是否无异响，空挡状态下逐渐增加发动机转速，发动机声音过渡是否无异响	是	否	
车辆排气是否无异常	是	否	
驻车制动系统结构是否完整	是	否	
其他			
合计扣分			
路试检查			扣分
发动机运转、加速是否正常	是	否	

续表

车体骨架检查项目			
29	左后轮		
30	右前轮		
31	右后轮		
32	前大灯		
33	后尾灯		
34	前挡风玻璃		
35	后挡风玻璃		
36	四门车窗玻璃		
37	左后视镜		
38	右后视镜		
39	轮胎		
其他项目			
合计扣分			

发动机舱检查	程度			扣分
机油有无冷却液混入	无	轻微	严重	
缸盖外是否有机油渗漏	无	轻微	严重	
前翼子板内缘、水箱框架、横拉梁有无凹凸或修复痕迹	无	轻微	严重	
散热器格栅有无破损	无	轻微	渗漏	
蓄电池电极柱有无腐蚀	无	轻微	严重	
蓄电池电解液有无渗漏、缺少	无	轻微	严重	
发动机皮带有无老化	无	轻微	严重	
油管、水管有无老化、裂痕	无	轻微	裂痕	
线束有无老化、破损	无	轻微	破损	
其他				
合计扣分				

驾驶舱检查			扣分
车内是否无水泡痕迹	是	否	
车内后视镜、座椅是否完整、无破损、功能正常	是	否	
车内是否整洁、无异味	是	否	

驾驶舱检查			扣分
车辆启动前踩下制动踏板，保持 5 s～10 s，踏板无向下移动的现象	是	否	
踩住制动踏板启动发动机，踏板是否向下移动	是	否	
行车制动系最大制动效能在踏板全行程的 4/5 以内达到	是	否	
行驶是否无跑偏	是	否	
制动系统工作是否正常有效，制动不跑偏	是	否	
变速箱工作是否正常、无异响	是	否	
行驶过程中车辆底盘部位是否无异响	是	否	
行驶过程中车辆转向系统是否无异响	是	否	
其他			
合计扣分			

底盘检查			扣分
发动机油底壳是否无渗漏	是	否	
变速箱体是否无渗漏	是	否	
转向节臂球销是否无松动	是	否	
三角臂球销是否无松动	是	否	
传动轴十字轴是否无松旷	是	否	
减震器是否无渗漏	是	否	
减震弹簧是否无损坏	是	否	
其他			
合计扣分			

车辆功能性零部件列表			
发动机舱盖锁止		仪表板出风管道	
发动机舱盖液压撑杆		中央集控	
后门液压支撑杆		备胎	
后备厢液压支撑		千斤顶	
各车门锁止		轮胎扳手及随车工具	
前雨刮器		三角警示牌	
后雨刮器		灭火器	

续表

车体骨架检查项目			驾驶舱检查		扣分
方向盘自由行程转角是否小于20°	是	否	立柱密封胶条	全套钥匙	
车顶及周边内饰是否无破损、松动及裂缝和污迹	是	否	排气管及消音器	遥控器及功能	
			车轮轮毂	喇叭高低音色	
仪表台是否无划痕,配件是否无缺失	是	否	车内后视镜	玻璃加热功能	
排挡把手柄及护罩是否完好、无破损	是	否	座椅调节与加热		

附　录　B

(资料性附录)

二手车鉴定评估作业表(示范文本)

<table>
<tr><td rowspan="9">车辆基本信息</td><td>厂牌型号</td><td colspan="3"></td><td>牌照号码</td><td></td></tr>
<tr><td>发动机号</td><td colspan="3"></td><td>VIN 码</td><td></td></tr>
<tr><td>注册登记日期</td><td colspan="3">年　月　日</td><td>表征里程</td><td>万 km</td></tr>
<tr><td>品牌名称</td><td colspan="2"></td><td>□国产　□进口</td><td>车身颜色</td><td></td></tr>
<tr><td>年检证明</td><td colspan="3">□有(至____年____月)　□无</td><td>购置税证书</td><td>□有　□无</td></tr>
<tr><td>车船税证明</td><td colspan="3">□有(至____年____月)　□无</td><td>交强险</td><td>□有(至____年____月)　□无</td></tr>
<tr><td>使用性质</td><td colspan="5">□营运用车　□出租车　□公务用车　□家庭用车　□其他</td></tr>
<tr><td>其他法定凭证、证明</td><td colspan="5">□机动车号牌　□机动车行驶证　□机动车登记证书　□第三者强制保险单
□其他</td></tr>
<tr><td>车主名称/姓名</td><td colspan="3"></td><td>企业法人证书代码/身份证号码</td><td></td></tr>
<tr><td rowspan="4">重要配置</td><td>燃料标号</td><td></td><td>排量</td><td></td><td>缸数</td><td></td></tr>
<tr><td>发动机功率</td><td></td><td>排放标准</td><td></td><td>变速器形式</td><td></td></tr>
<tr><td>安全气囊</td><td></td><td>驱动方式</td><td></td><td>ABS</td><td>□有　□无</td></tr>
<tr><td>其他重要配置</td><td colspan="5"></td></tr>
<tr><td>是否为事故车</td><td>□是　□否</td><td colspan="2">损伤位置及损伤状况</td><td colspan="3"></td></tr>
<tr><td>鉴定结果</td><td>分值</td><td colspan="2"></td><td colspan="2">技术状况等级</td><td></td></tr>
<tr><td rowspan="7">车辆技术状况鉴定缺陷描述</td><td>鉴定科目</td><td colspan="2">鉴定结果(得分)</td><td colspan="3">缺陷描述</td></tr>
<tr><td>车身检查</td><td colspan="2"></td><td colspan="3"></td></tr>
<tr><td>发动机舱检查</td><td colspan="2"></td><td colspan="3"></td></tr>
<tr><td>驾驶舱检查</td><td colspan="2"></td><td colspan="3"></td></tr>
<tr><td>启动检查</td><td colspan="2"></td><td colspan="3"></td></tr>
<tr><td>路试检查</td><td colspan="2"></td><td colspan="3"></td></tr>
<tr><td>底盘检查</td><td colspan="2"></td><td colspan="3"></td></tr>
</table>

声明:

本二手车技术状况表所体现的鉴定结果仅为鉴定日期当日被鉴定车辆的技术状况表现与描述,若在当日内被鉴定车辆的市场价值或因交通事故等原因导致车辆的价值发生变化,对车辆鉴定结果产生明显影响时,本二手车技术状况表不作为参考依据。

二手车鉴定评估师:____________　　鉴定单位:(盖章)____________

鉴定日期:____年____月____日

注:本二手车技术状况表由二手车经销企业、拍卖企业、经纪企业使用,作为二手车交易合同的附件,车辆展卖期间,放置在驾驶室前风挡玻璃左下方,为消费者提供参考。

附　录　C

(资料性附录)

二手车鉴定评估委托书(示范文本)

委托书编号：________________

委托方名称(姓名)：　　　　　　　　法人代码证(身份证)号：
鉴定评估机构名称：　　　　　　　　法人代码证：
委托方地址：　　　　　　　　　　　鉴定评估机构地址：
联系人：　　　　　　　　　　　　　电话：

因 □交易 □典当 □拍卖 □置换 □抵押 □担保 □咨询 □司法裁决需要，委托人与受托人达成委托关系，号牌号码为__________，车辆类型为__________，车架号(VIN码)为______________的车辆进行技术状况鉴定并出具评估报告书，______年______月______日前完成。

委托评估车辆基本信息

车辆情况	厂牌型号			使用用途	营运 □ 非营运 □
	总质量/座位/排量			燃料种类	
	初次登记日期	年　月　日		车身颜色	
	已使用年限	年　个月	累计行驶里程(万 km)		
	大修次数	发动机(次)		整车(次)	
	维修情况				
	事故情况				
价值反映	购置日期	年　月　日		原始价格(元)	

备注：

委托方：(签字、盖章)　　　　　　　　受托方：(签字、盖章)

年　月　日　　　　　　　　　　　　　年　月　日

1.委托方保证所提供的资料客观真实，并负法律责任。
2.仅对车辆进行鉴定评估。
3.评估依据：《机动车运行安全技术条件》《二手车鉴定评估技术规范》等。
4.评估结论仅对本次委托有效，不做他用。
5.鉴定评估人员与有关当事人没有利害关系。
6.委托方如对评估结论有异议，可于收到《二手车鉴定评估报告》之日起10日内向受托方提出，受托方应给予解释。

附 录 D

（资料性附录）

二手车鉴定评估报告(示范文本)

××××鉴定评估机构评报字(20 年)第××号

一、绪言

______(鉴定评估机构)接受______的委托，根据国家有关评估及《二手车流通管理办法》和《二手车鉴定评估技术规范》(GB/T 30323)的规定，本着客观、独立、公正、科学的原则，按照公认的评估方法，对牌号为______的车辆进行了鉴定。本机构鉴定评估人员按照必要的程序，对委托鉴定评估的车辆进行了实地查勘与市场调查，并对其在______年______月______日所表现的市场价值作出了公允反映。现将该车辆鉴定评估结果报告如下：

二、委托方信息

委托方：______ 委托方联系人：______

联系电话：______ 车主姓名/名称：(填写机动车登记证书所示的名称)

三、鉴定评估基准日 ______年______月______日

四、鉴定评估车辆信息

厂牌型号：______ 牌照号码：______

发动机号：______ 车辆识别代号/车架码：______

车身颜色：______ 表征里程：______ 初次登记日期：______

年审检验合格至：______年______月 交强险截止日期：______年______月

车船税截止日期：______年______月

是否查封、抵押车辆：□是 □否 车辆购置税(费)证： □有 □无

机动车登记证书： □有 □无 机动车行驶证： □有 □无

未接受处理的交通违法记录：□有 □无

使用性质：□公务用车 □家庭用车 □营运用车 □出租车 □其他：______

五、技术鉴定结果

技术状况缺陷描述：______

______。

重要配置及参数信息：______

______。

技术状况鉴定等级：______ 等级描述：______

六、价值评估

价值估算方法：□现行市价法 □重置成本法 □其他______

计算过程：______

____

____

价值估算结果:车辆鉴定评估价值为人民币________元,金额大写:____________

七、特别事项说明[1]

八、鉴定评估报告法律效力

本鉴定评估结果可以作为作价参考依据。本项鉴定评估结论有效期为90天,自鉴定评估基准日至______年______月______日止。

九、声明

(1)本鉴定评估机构对该鉴定评估报告承担法律责任。

(2)本报告所提供的车辆评估价值为评估基准日的价值。

(3)该鉴定评估报告的使用权归委托方所有,其鉴定评估结论仅供委托方为本项目鉴定评估目的使用和送交二手车鉴定评估主管机关审查使用,不适用于其他目的,否则本鉴定评估机构不承担相应法律责任;因使用本报告不当而产生的任何后果与签署本报告书的鉴定评估人员无关。

(4)本鉴定评估机构承诺,未经委托方许可,不将本报告的内容向他人提供或公开,否则本鉴定评估机构将承担相应法律责任。

附件:

一、二手车鉴定评估委托书

二、二手车技术状况鉴定作业表

三、车辆行驶证、机动车登记证书证复印件

四、被鉴定评估二手车照片(要求外观清晰,车辆牌照能够辨认)

二手车鉴定评估师(签字、盖章)　　　　　　复核人[2](签字、盖章)

年　　月　　日　　　　　　　　　　　　　　(二手车鉴定评估机构盖章)

　　　　　　　　　　　　　　　　　　　　　年　　月　　日

[1]特别事项是指在已确定鉴定评估结果的前提下,鉴定评估人员认为需要说明在鉴定过程中已发现可能影响鉴定评估结论,但非鉴定评估人员执业水平和能力所能鉴定评定估算的有关事项以及其他问题。

[2]复核人是指具有高级二手车鉴定评估师资格的人员。

备注:1. 本报告书和作业表一式三份,委托方二份,受托方一份。

2. 鉴定评估基准日即为《二手车鉴定评估委托书》签订的日期。

参考文献

[1]吴兴敏,陈卫红主编.二手车鉴定与评估[M].北京:人民邮电出版社,2010.

[2]李书江,陈连成,张继鹏主编.二手车鉴定评估与贸易[M].沈阳:东北大学出版社,2013.

[3]明光星,刘国辉主编.二手车鉴定与评估实用教程[M].北京:机械工业出版社,2015.

[4]孙泽涛,王婷,王晓杰主编.二手车鉴定评估与交易[M].北京:机械工业出版社,2019.

[5]林绪东主编.二手车鉴定评估彩色图解教程[M].北京:机械工业出版社,2020.